Spaanse Keuken voor Beginners
Ontdek de Passie van Spaanse Smaken

Carlos Martinez

SAMENVATTING

COD AJOARRIERO 25
    INGREDIËNTEN 25
    VERWERKEN 25
    TRUC 25

SHERRY STOOMKNUFFELS 26
    INGREDIËNTEN 26
    VERWERKEN 26
    TRUC 26

GEHELE KIKKERS PEBRE PERZIK MET GARNALEN 28
    INGREDIËNTEN 28
    VERWERKEN 29
    TRUC 29

GEROOSTERDE ZEEBROOD 30
    INGREDIËNTEN 30
    VERWERKEN 30
    TRUC 30

MARINERA KLAMMEN 31
    INGREDIËNTEN 31
    VERWERKEN 31
    TRUC 32

KABELJAUW MET PILPIL 33
    INGREDIËNTEN 33
    VERWERKEN 33
    TRUC 33

KIPPENTROMMELS MET WHISKEY 34

    INGREDIËNTEN 34

    VERWERKEN 34

    TRUC 35

GEBRADEN EEND 36

    INGREDIËNTEN 36

    VERWERKEN 36

    TRUC 37

VILLAROY KIPPENBORST 38

    INGREDIËNTEN 38

    VERWERKEN 38

    TRUC 39

KIPBORST MET MOSTERD EN CITROENSAUS 40

    INGREDIËNTEN 40

    VERWERKEN 40

    TRUC 41

GEROOSTERDE GAUNETTE MET PRUINEN EN PADDESTOELEN 42

    INGREDIËNTEN 42

    VERWERKEN 42

    TRUC 43

VILLAROY KIPBORST GEVULD MET GEKARAMELISEERDE PIQUILLO'S MET MODENASAzijn 44

    INGREDIËNTEN 44

    VERWERKEN 44

    TRUC 45

KIPBORST GEVULD MET BACON, PADDESTOELEN EN KAAS 46

INGREDIËNTEN 46
　　VERWERKEN 46
　　TRUC 47
ZOETE WIJNKIP MET PRUINEN 48
　　INGREDIËNTEN 48
　　VERWERKEN 48
　　TRUC 49
ORANJE KIPPENBORSTEN MET CASHEWNOTEN 50
　　INGREDIËNTEN 50
　　VERWERKEN 50
　　TRUC 51
INGEZETTE PARNICA 52
　　INGREDIËNTEN 52
　　VERWERKEN 52
　　TRUC 52
JAGER KIP 53
　　INGREDIËNTEN 53
　　VERWERKEN 53
　　TRUC 54
COCA COLA STIJL KIPPENVLEUGELS 55
　　INGREDIËNTEN 55
　　VERWERKEN 55
　　TRUC 55
KNOFLOOK KIP 56
　　INGREDIËNTEN 56
　　VERWERKEN 56

- TRUC 57
- KILINDRON KIP 58
  - INGREDIËNTEN 58
  - VERWERKEN 58
  - TRUC 59
- GEMARINEERDE KWARTELS EN RODE VRUCHTEN 60
  - INGREDIËNTEN 60
  - VERWERKEN 60
  - TRUC 61
- KIP MET CITROEN 62
  - INGREDIËNTEN 62
  - VERWERKEN 62
  - TRUC 63
- SAN JACOBO KIP MET SERRANO HAM, TORTA DEL CASAR EN RAKET 64
  - INGREDIËNTEN 64
  - VERWERKEN 64
  - TRUC 64
- GEBAKKEN KIP CURRY 65
  - INGREDIËNTEN 65
  - VERWERKEN 65
  - TRUC 65
- KIP IN RODE WIJN 66
  - INGREDIËNTEN 66
  - VERWERKEN 66
  - TRUC 67

GEBRADEN KIP MET ZWART BIER 68
- INGREDIËNTEN 68
- VERWERKEN 68
- TRUC 69

CHOCOLADE PATRIJS 70
- INGREDIËNTEN 70
- VERWERKEN 70
- TRUC 71

GEROOSTERDE KALKOEN MET SAUS VAN RODE VRUCHTEN 72
- INGREDIËNTEN 72
- VERWERKEN 72
- TRUC 73

GEROOSTERDE KIP MET PERZIKSAUS 74
- INGREDIËNTEN 74
- VERWERKEN 74
- TRUC 75

KIPFILET GEVULD MET SPINAZIE EN MOZZARELLA 76
- INGREDIËNTEN 76
- VERWERKEN 76
- TRUC 76

GEBRADEN KIP IN CAVA 77
- INGREDIËNTEN 77
- VERWERKEN 77
- TRUC 77

KIPSPIESJES MET PINDASAUS 78
- INGREDIËNTEN 78

VERWERKEN	78
TRUC	79
KIP IN PEPITORIA	**80**
INGREDIËNTEN	80
VERWERKEN	80
TRUC	81
KIP MET SINAASAPPEL	**82**
INGREDIËNTEN	82
VERWERKEN	82
TRUC	83
GESTOOFDE KIP MET PORCINI	**84**
INGREDIËNTEN	84
VERWERKEN	84
TRUC	85
GESAUTTE KIP MET NOTEN EN SOJA	**86**
INGREDIËNTEN	86
VERWERKEN	86
TRUC	87
CHOCOLADE KIP MET GEROOSTERDE ALMEDRAS	**88**
INGREDIËNTEN	88
VERWERKEN	88
TRUC	89
LAMSPIESJES MET PAPRIKA EN MOSTERDVINAIGRETTE	**90**
INGREDIËNTEN	90
VERWERKEN	90
TRUC	91

KALFSVIN GEVULD MET PORT 92
    INGREDIËNTEN 92
    VERWERKEN 92
    TRUC 93
MADRILEÑA GEHAKTBALLEN 94
    INGREDIËNTEN 94
    VERWERKEN 95
    TRUC 95
RUNDVLEESWANGEN MET CHOCOLADE 96
    INGREDIËNTEN 96
    VERWERKEN 96
    TRUC 97
GECONFITEERDE PORK PIE MET ZOETE WIJNSAUS 98
    INGREDIËNTEN 98
    VERWERKEN 98
    TRUC 99
MERK KONIJN 100
    INGREDIËNTEN 100
    VERWERKEN 100
    TRUC 101
GEHAKTBALLEN IN PEPITORIA HAZELNOOTSAUS 102
    INGREDIËNTEN 102
    VERWERKEN 103
    TRUC 103
KALFSSCALOPINE MET ZWART BIER 104
    INGREDIËNTEN 104

VERWERKEN 104

TRUC 105

TRIPSE IN MADRILEÑA 106

    INGREDIËNTEN 106

    VERWERKEN 106

    TRUC 107

GEROOSTERDE VARKENSLENDE MET APPELS EN MUNT 108

    INGREDIËNTEN 108

    VERWERKEN 108

    TRUC 109

KIP GEHAKTBALLEN MET FRAMBOZENSAUS 110

    INGREDIËNTEN 110

    VERWERKEN 111

    TRUC 111

LAMSSTOOFPOT 112

    INGREDIËNTEN 112

    VERWERKEN 112

    TRUC 113

CIVETO DI LEPRE 114

    INGREDIËNTEN 114

    VERWERKEN 114

    TRUC 115

KONIJN MET PIPERRADA 116

    INGREDIËNTEN 116

    VERWERKEN 116

    TRUC 116

KIP GEHAKTBALLEN GEVULD MET KAAS MET CURRYSAUS 117

    INGREDIËNTEN 117

    VERWERKEN 118

    TRUC 118

VARKENSWANGEN IN RODE WIJN 119

    INGREDIËNTEN 119

    VERWERKEN 119

    TRUC 120

NAVARRA VARKEN ZIJDE 121

    INGREDIËNTEN 121

    VERWERKEN 121

    TRUC 121

RUNDVLEESSTOPJE MET PINDASAUS 122

    INGREDIËNTEN 122

    VERWERKEN 122

    TRUC 123

GEROOSTERD VARKEN 124

    INGREDIËNTEN 124

    VERWERKEN 124

    TRUC 124

GEROOSTERDE KIN MET KOOL 125

    INGREDIËNTEN 125

    VERWERKEN 125

    TRUC 125

JAGER KONIJN 126

    INGREDIËNTEN 126

VERWERKEN 126

TRUC 127

RUNDVLEESKOMMEL IN MADRILEÑA-STIJL 128

INGREDIËNTEN 128

VERWERKEN 128

TRUC 128

GESTOOFD KONIJN MET PADDESTOELEN 129

INGREDIËNTEN 129

VERWERKEN 129

TRUC 130

IBERISCHE VARKENSRIBBEN IN WITTE WIJN EN HONING 131

INGREDIËNTEN 131

VERWERKEN 131

TRUC 132

PEPER CHOCOLADE PEREN 133

INGREDIËNTEN 133

VERWERKEN 133

TRUC 133

DRIE CHOCOLADECAKE MET KOEKJE 134

INGREDIËNTEN 134

VERWERKEN 134

TRUC 135

ZWITSERS MERINGUE 136

INGREDIËNTEN 136

VERWERKEN 136

TRUC 136

HAZELNOOT OMSLUITINGEN MET BANANEN 137
- INGREDIËNTEN 137
- VERWERKEN 137
- TRUC 138

CITROENTAART MET CHOCOLADEBASIS 139
- INGREDIËNTEN 139
- VERWERKEN 139
- TRUC 140

TIRAMISU 141
- INGREDIËNTEN 141
- VERWERKEN 141
- TRUC 142

INTXAURSALSA (NOTENCRÈME) 143
- INGREDIËNTEN 143
- VERWERKEN 143
- TRUC 143

SNACK MELK 144
- INGREDIËNTEN 144
- VERWERKEN 144
- TRUC 144

DE TONGEN VAN DE KAT 145
- INGREDIËNTEN 145
- VERWERKEN 145
- TRUC 145

ORANJE CUPCAKE 146
- INGREDIËNTEN 146

- VERWERKEN 146
- TRUC 146
- GEROOSTERDE PORTAPPELS 147
  - INGREDIËNTEN 147
  - VERWERKEN 147
  - TRUC 147
- GEKOOKTE MERINGUE 148
  - INGREDIËNTEN 148
  - VERWERKEN 148
  - TRUC 148
- VLA 149
  - INGREDIËNTEN 149
  - VERWERKEN 149
  - TRUC 149
- PANNA COTTA MET PAARS SUIKERGOED 150
  - INGREDIËNTEN 150
  - VERWERKEN 150
  - TRUC 150
- CITRUS KOEKJES 151
  - INGREDIËNTEN 151
  - VERWERKEN 151
  - TRUC 152
- MANGO PASTA 153
  - INGREDIËNTEN 153
  - VERWERKEN 153
  - TRUC 153

YOGHURT CAKE 154

    INGREDIËNTEN 154

    VERWERKEN 154

    TRUC 154

BANANENCOMPOTE MET ROZEMARIJN 155

    INGREDIËNTEN 155

    VERWERKEN 155

    TRUC 155

BRULE ROOM 156

    INGREDIËNTEN 156

    VERWERKEN 156

    TRUC 156

ZWITSERSE ARM GEVULD MET ROOM 157

    INGREDIËNTEN 157

    VERWERKEN 157

    TRUC 157

EI VLAK 158

    INGREDIËNTEN 158

    VERWERKEN 158

    TRUC 158

CAVA-GELEI MET AARDBEIEN 159

    INGREDIËNTEN 159

    VERWERKEN 159

    TRUC 159

PANNEKOEKEN 160

    INGREDIËNTEN 160

VERWERKEN	160
TRUC	160
SINT JAN COCA	161
INGREDIËNTEN	161
VERWERKEN	161
BOLOGNESE SAUS	162
INGREDIËNTEN	162
VERWERKEN	162
TRUC	163
WITTE BOUILLON (KIP OF RUNDVLEES)	164
INGREDIËNTEN	164
VERWERKEN	164
TRUC	164
CONCASSÉ TOMAAT	166
INGREDIËNTEN	166
VERWERKEN	166
TRUC	166
ROBERT SAUS	167
INGREDIËNTEN	167
VERWERKEN	167
TRUC	167
ROZE SAUS	168
INGREDIËNTEN	168
VERWERKEN	168
TRUC	168
VISSOEP	169

INGREDIËNTEN 169

   VERWERKEN 169

   TRUC 169

DUITSE SAUS 170

   INGREDIËNTEN 170

   VERWERKEN 170

   TRUC 170

MOEDIGE SAUS 171

   INGREDIËNTEN 171

   VERWERKEN 171

   TRUC 172

PURE STOCK (KIP OF RUNDVLEES) 173

   INGREDIËNTEN 173

   VERWERKEN 173

   TRUC 174

MOJO PICÓN 175

   INGREDIËNTEN 175

   VERWERKEN 175

   TRUC 175

PESTO SAUS 176

   INGREDIËNTEN 176

   VERWERKEN 176

   TRUC 176

ZOET EN ZURE SAUS 177

   INGREDIËNTEN 177

   VERWERKEN 177

TRUC 177
GROENE MOJITO 178
    INGREDIËNTEN 178
    VERWERKEN 178
    TRUC 178
BESSAMEL SAUS 179
    INGREDIËNTEN 179
    VERWERKEN 179
    TRUC 179
JAGER SAUS 180
    INGREDIËNTEN 180
    VERWERKEN 180
    TRUC 180
AIOLI SAUS 181
    INGREDIËNTEN 181
    VERWERKEN 181
    TRUC 181
AMERIKAANSE SAUS 182
    INGREDIËNTEN 182
    VERWERKEN 182
    TRUC 183
AURORA "SAUS 184
    INGREDIËNTEN 184
    VERWERKEN 184
    TRUC 184
BARBECUESAUS 185

    INGREDIËNTEN 185

    VERWERKEN 185

    TRUC 186

BERNER SAUS 187

    INGREDIËNTEN 187

    VERWERKEN 187

    TRUC 187

CARBONARA-SAUS 189

    INGREDIËNTEN 189

    VERWERKEN 189

    TRUC 189

HEERLIJKE SAUS 190

    INGREDIËNTEN 190

    VERWERKEN 190

    TRUC 190

CUMBERLAND SAUS 191

    INGREDIËNTEN 191

    VERWERKEN 191

    TRUC 192

CURRY SAUS 193

    INGREDIËNTEN 193

    VERWERKEN 193

    TRUC 194

KNOFLOOKSAUS 195

    INGREDIËNTEN 195

    VERWERKEN 195

TRUC 195
BLACKBERRY SAUS 196
    INGREDIËNTEN 196
    VERWERKEN 196
    TRUC 196
CIDER SAUS 197
    INGREDIËNTEN 197
    VERWERKEN 197
    TRUC 197
KETCHUP 198
    INGREDIËNTEN 198
    VERWERKEN 198
    TRUC 199
PEDRO XIMENEZ WIJNSAUS 200
    INGREDIËNTEN 200
    VERWERKEN 200
    TRUC 200
ROOMSAUS 201
    INGREDIËNTEN 201
    VERWERKEN 201
    TRUC 201
MAYONAISE SAUS 202
    INGREDIËNTEN 202
    VERWERKEN 202
    TRUC 202
YOGHURT EN DILLE SAUS 203

- INGREDIËNTEN 203
- VERWERKEN 203
- TRUC 203
- SAUS VAN DE DUIVEL 204
  - INGREDIËNTEN 204
  - VERWERKEN 204
  - TRUC 204
- SPAANSE SAUS 205
  - INGREDIËNTEN 205
  - VERWERKEN 205
  - TRUC 205
- HOLLANDSE SAUS 206
  - INGREDIËNTEN 206
  - VERWERKEN 206
  - TRUC 206
- ITALIAANSE DRESSING 207
  - INGREDIËNTEN 207
  - VERWERKEN 207
  - TRUC 208
- MOUSSELINE SAUS 209
  - INGREDIËNTEN 209
  - VERWERKEN 209
  - TRUC 209
- REMOULADE SAUS 210
  - INGREDIËNTEN 210
  - VERWERKEN 210

TRUC	210
BIZCAINA SAUS	**211**
INGREDIËNTEN	211
VERWERKEN	211
TRUC	211
INKT SAUS	**213**
INGREDIËNTEN	213
VERWERKEN	213
TRUC	213
OCHTEND SAUS	**214**
INGREDIËNTEN	214
VERWERKEN	214
TRUC	214
ROMESCA SAUS	**215**
INGREDIËNTEN	215
VERWERKEN	215
TRUC	216
SOUBISE SAUS	**217**
INGREDIËNTEN	217
VERWERKEN	217
TRUC	217
TARTAARSAUS	**218**
INGREDIËNTEN	218
VERWERKEN	218
TRUC	218
TOFFEE SAUS	**219**

INGREDIËNTEN	219
VERWERKEN	219
TRUC	219
POTTAGE	220
INGREDIËNTEN	220
VERWERKEN	220
TRUC	220

COD AJOARRIERO

INGREDIËNTEN

400 g ontzoute kabeljauwvlokken

2 eetlepels gehydrateerde chorizopeper

2 eetlepels tomatensaus

1 groene paprika

1 rode paprika

1 teentje knoflook

1 ui

1 Spaanse peper

Olijfolie

zout

VERWERKEN

Snijd de groenten op Juliana-stijl en bak ze op middelhoog vuur tot ze heel zacht zijn. Met zout.

Voeg de eetlepels chorizopeper, tomatensaus en chili toe. Voeg de verkruimelde kabeljauw toe en bak 2 min. mee.

TRUC

Het is de perfecte vulling om een heerlijke empanada te bereiden.

SHERRY STOOMKNUFFELS

INGREDIËNTEN

750 g mosselen

600 ml Jerez-wijn

1 laurierblad

1 teentje knoflook

1 citroen

2 eetlepels olijfolie

zout

VERWERKEN

Verwijder de mosselen.

Doe 2 eetlepels olie in een hete pan en fruit de fijngehakte knoflook lichtjes aan.

Voeg ineens de venusschelpen, wijn, laurier, citroen en zout toe. Dek af en kook tot ze opengaan.

Serveer de mosselen met hun saus.

TRUC

Purgeren betekent het onderdompelen van de tweekleppigen in koud, overvloedig gezouten water om eventueel zand en onzuiverheden te verdrijven.

GEHELE KIKKERS PEBRE PERZIK MET GARNALEN

INGREDIËNTEN

Voor de visbouillon

15 garnalenkoppen en -lichamen

1 kop of 2 staartstekels van zeeduivel of witvis

Ketchup

1 lente-ui

1 prei

zout

Voor de stamppot

1 grote zeeduivelstaart (of 2 kleintjes)

Garnalen lichamen

1 eetlepel zoete paprika

8 teentjes knoflook

4 grote aardappelen

3 sneetjes brood

1 cayennepeper

gepelde amandelen

Olijfolie

Zout en peper

VERWERKEN

Voor de visbouillon

Maak een visbouillon door de garnalenlichamen en de tomatensaus te sauteren. Voeg de graten of zeeduivelkop en de in julien gesneden groenten toe. Bedek met water en kook gedurende 20 minuten, filter en voeg zout toe.

Voor de stamppot

Fruit de hele knoflook in een pan. Ophalen en reserveren. Bak in dezelfde olie de amandelen. Ophalen en reserveren.

Bak het brood bruin in dezelfde olie. Terugtrekken.

Plet in een vijzel de knoflook, een handvol hele, ongeschilde amandelen, de sneetjes brood en de cayennepeper.

Bak de paprika lichtjes in de olie die gebruikt is om de knoflook bruin te maken, zorg ervoor dat deze niet verbrandt, en voeg deze toe aan de bouillon.

Voeg de cachelada-aardappelen toe en kook tot ze gaar zijn. Voeg de gepeperde zeeduivel toe en bak 3 min. mee. Voeg de majado en garnalen toe en kook nog 2 minuten tot de saus dikker wordt. Breng op smaak met zout en dien heet op.

TRUC

Gebruik alleen voldoende bouillon om de aardappelen te bedekken. De vis die het meest wordt gebruikt voor dit recept is paling, maar kan worden gemaakt met elke vlezige vis zoals hondshaai of zeepaling.

GEROOSTERDE ZEEBROOD

INGREDIËNTEN

1 zeebrasem schoongemaakt, gestript en ontschubd

25 g paneermeel

2 teentjes knoflook

1 Spaanse peper

Azijn

Olijfolie

zout

VERWERKEN

Zout en olie de brasem van binnen en van buiten. Bestrooi met paneermeel en bak 25 min op 180°C.

Bak ondertussen de gesneden knoflook en chilipeper op middelhoog vuur. Neem een scheutje azijn van het vuur en breng de zeebrasem op smaak met deze saus.

TRUC

Beitelen bestaat uit het maken van insnijdingen over de gehele breedte van de vis zodat deze sneller gaart.

MARINERA KLAMMEN

INGREDIËNTEN

1 kg mosselen

1 klein glas witte wijn

1 eetlepel meel

2 teentjes knoflook

1 kleine tomaat

1 ui

½ Spaanse peper

Kleurstof of saffraan (optioneel)

Olijfolie

zout

VERWERKEN

Dompel de kokkels een paar uur onder in koud water met veel zout om alle aarderesten te verwijderen.

Kook de venusschelpen na het schoonmaken gaar in de wijn en ¼ l water. Zodra ze opengaan, verwijdert u de vloeistof en bewaart u deze.

Snijd de ui, knoflook en tomaat in kleine stukjes en bak ze in een beetje olie. Voeg de chili toe en kook tot alles gaar is.

Voeg de eetlepel bloem toe en bak nog 2 minuten. Natmaken met het kookvocht van de kokkels. Laat 10 minuten koken en breng op smaak met zout. Voeg de mosselen toe en bak nog een minuut. Voeg nu de kleurstof of saffraan toe.

TRUC

Witte wijn kan worden vervangen door zoete. De salsa is erg goed.

KABELJAUW MET PILPIL

INGREDIËNTEN

4 of 5 ontzoute kabeljauwfilets

4 teentjes knoflook

1 Spaanse peper

½ liter olijfolie

VERWERKEN

Fruit de knoflook en chilipeper in olijfolie op laag vuur. Giet ze af en laat de olie iets afkoelen.

Voeg de kabeljauwfilets met de huid naar boven toe toe en bak 1 minuut op laag vuur. Draai je om en laat nog 3 min. Het is belangrijk dat het in olie wordt gekookt, niet gebakken.

Haal de kabeljauw eruit, giet de olie geleidelijk af totdat alleen de witte substantie (gelei) die de kabeljauw heeft losgelaten overblijft.

Haal van het vuur en klop met behulp van een zeef met een garde of met je eigen cirkelvormige bewegingen, en voeg geleidelijk de gedecanteerde olie toe. Klop de pilpil 10 min. onder voortdurend roeren.

Als je klaar bent, doe je de kabeljauw er weer in en roer je nog een minuutje.

TRUC

Om het een ander tintje te geven, doe je een hambot of wat aromatische kruiden in infusie in de olie waar de kabeljauw in gaat koken.

KIPPENTROMMELS MET WHISKEY

INGREDIËNTEN

12 kippendijen

200 ml room

150 ml whisky

100 ml kippenbouillon

3 eierdooiers

1 lente-ui

Meel

Olijfolie

Zout en peper

VERWERKEN

Kruid, bloem en bruin de kippendijen. Ophalen en reserveren.

Fruit de fijngesneden lente-ui in dezelfde olie 5 minuten. Voeg de whisky toe en flambeer (de kap moet eraf). Schenk de room en bouillon erbij. Voeg de kip toe en kook 20 minuten op laag vuur.

Zet het vuur uit, voeg de eierdooiers toe en meng goed zodat de saus iets dikker wordt. Kruid indien nodig met peper en zout.

TRUC

Whisky kan worden vervangen door de alcoholische drank die we het lekkerst vinden.

GEBRADEN EEND

INGREDIËNTEN

1 schone eend

1 liter kippenbouillon

4 dl sojasaus

3 eetlepels honing

2 teentjes knoflook

1 kleine ui

1 cayennepeper

verse gember

Olijfolie

Zout en peper

VERWERKEN

Meng in een kom de kippenbouillon, sojabonen, geraspte knoflook, fijngehakte rode peper en ui, honing, een klein stukje geraspte gember en peper. Marineer de eend in dit mengsel gedurende 1 uur.

Haal uit het weekwater en plaats op een bakplaat met de helft van het weekvocht. Grill 10 minuten per kant op 200ºC. Voortdurend nat maken met een borstel.

Verlaag de oven naar 180ºC en bak nog eens 18 minuten aan elke kant (elke 5 minuten verder schilderen met een kwast).

Verwijder de eend en leg deze opzij en reduceer de saus tot de helft in een pan op middelhoog vuur.

TRUC

Kook de vogels eerst met de borst naar beneden, hierdoor worden ze minder droog en sappiger.

VILLAROY KIPPENBORST

INGREDIËNTEN

1 kg kipfilets

2 wortelen

2 stengels bleekselderij

1 ui

1 prei

1 raap

Meel, eieren en paneermeel (om te paneren)

voor de besamel

1 liter melk

100 g boter

100 g meel

Nootmuskaat

Zout en peper

VERWERKEN

Kook alle schoongemaakte groenten in 2 l (koud) water gedurende 45 min.

Maak ondertussen een bechamelsaus door de bloem in de boter op middelhoog vuur in 5 minuten bruin te bakken. Voeg dan de melk toe en meng. Breng op smaak met zout en voeg de nootmuskaat toe. Kook gedurende 10 minuten op laag vuur zonder te stoppen met kloppen.

Filter de bouillon en kook de borsten (geheel of gefileerd) gedurende 15 min. Giet ze af en laat ze afkoelen. Kruid de borsten goed met de bechamelsaus en zet ze in de koelkast. Als het eenmaal koud is, rol je het door de bloem, dan door het ei en tenslotte door het paneermeel. Bak in ruim olie en serveer warm.

TRUC

U kunt profiteren van de bouillon en gepureerde groenten om een voortreffelijke crème te maken.

KIPBORST MET MOSTERD EN CITROENSAUS

INGREDIËNTEN

4 kipfilets

250 ml slagroom

3 eetlepels grappa

3 eetlepels mosterd

1 eetlepel meel

2 teentjes knoflook

1 citroen

½ lente-ui

Olijfolie

Zout en peper

VERWERKEN

Kruid en bak de in regelmatige stukken gesneden borsten bruin met een scheutje olie. Reserveren.

Fruit in dezelfde olie de bieslook en fijngehakte knoflook. Voeg de bloem toe en kook 1 min. Voeg de brandewijn toe tot deze verdampt en giet de room, 3 eetlepels citroensap en de schil, mosterd en zout. Kook de saus 5 minuten.

Voeg de kip toe en kook nog 5 minuten op laag vuur.

TRUC

Rasp de citroen voordat je het sap eruit haalt. Om geld te besparen kan het ook met kipgehakt in plaats van borst.

GEROOSTERDE GAUNETTE MET PRUINEN EN PADDESTOELEN

INGREDIËNTEN

1 parelhoen

250 g champignons

Port van 200 ml

¼ liter kippenbouillon

15 ontpitte pruimen

1 teentje knoflook

1 theelepel meel

Olijfolie

Zout en peper

VERWERKEN

Kruid met peper en zout en braad de parelhoen samen met de pruimen 40 min op 175 ºC. Halverwege het koken, draai het ondersteboven. Als de tijd om is, verwijder en bewaar de sappen.

Fruit 2 eetlepels olie en de bloem in een pan gedurende 1 minuut. Voeg de wijn toe en laat tot de helft inkoken. Giet de jus van het gebraad en de bouillon erover. Kook gedurende 5 minuten zonder te stoppen met roeren.

Bak de champignons apart met een beetje gehakte knoflook, voeg ze toe aan de saus en breng aan de kook. Serveer de parelhoen met de saus.

TRUC

Voor speciale gelegenheden kunt u de parelhoen vullen met appels, foie, gehakt, walnoten.

 AVES

VILLAROY KIPBORST GEVULD MET GEKARAMELISEERDE PIQUILLO'S MET MODENASAzijn

INGREDIËNTEN

4 kipfiletfilets

100 g boter

100 g meel

1 liter melk

1 blik piquillo pepers

1 glas Modena-azijn

½ glas suiker

Nootmuskaat

Ei en paneermeel (om te coaten)

Olijfolie

Zout en peper

VERWERKEN

Bak de boter en bloem 10 minuten op laag vuur. Giet vervolgens de melk erbij en laat 20 minuten koken onder voortdurend roeren. Breng op smaak en voeg de nootmuskaat toe. Laten afkoelen.

Karameliseer intussen de paprika's met de azijn en suiker tot de azijn begint (begint) in te dikken.

Kruid de filets met peper en zout en vul ze met de piquillo peper. Wikkel de borsten in transparante folie alsof het zeer stevige snoepjes zijn, sluit en kook gedurende 15 minuten in water.

Als ze gaar zijn, kruid ze dan rondom met de bechamelsaus en dip ze in het losgeklopte ei en paneermeel. Bak in ruim olie.

TRUC

Als je tijdens het bakken van de bloem voor de bechamelsaus een paar eetlepels kerrie toevoegt, is het resultaat anders en heel rijk.

KIPBORST GEVULD MET BACON, PADDESTOELEN EN KAAS

INGREDIËNTEN

4 kipfiletfilets

100 gram champignons

4 plakjes gerookt spek

2 eetlepels mosterd

6 eetlepels room

1 ui

1 teentje knoflook

gesneden kaas

Olijfolie

Zout en peper

VERWERKEN

Kruid de kipfilets. Maak de champignons schoon en snijd ze in vieren.

Bak het spek bruin en bak de gehakte champignons met de knoflook op hoog vuur.

Vul de filets met spek, kaas en champignons en sluit ze perfect af met transparante folie alsof het snoepjes zijn. Kook gedurende 10 minuten in kokend water. Verwijder de film en filet.

Kook daarentegen de gesnipperde ui, voeg de room en de mosterd toe, kook 2 minuten en meng. Bak over de kip

TRUC

De transparante film is bestand tegen hoge temperaturen en voegt geen smaak toe aan het voedsel.

ZOETE WIJNKIP MET PRUINEN

INGREDIËNTEN

1 grote kip

100 g ontpitte pruimen

½ liter kippenbouillon

½ fles zoete wijn

1 lente-ui

2 wortelen

1 teentje knoflook

1 eetlepel meel

Olijfolie

Zout en peper

VERWERKEN

Kruid en braad de in stukken gesneden kip in een zeer hete pan met de olie. Afhalen en reserveren.

Fruit in dezelfde olie de fijngesneden lente-ui, knoflook en wortelen. Voeg als de groenten goed gaar zijn de bloem toe en bak nog een minuut.

Giet de zoete wijn erbij en zet het vuur hoger tot het bijna volledig is verdampt. Voeg de bouillon toe en voeg opnieuw de kip en pruimen toe.

Bak ongeveer 15 minuten of tot de kip gaar is. Verwijder de kip en meng de saus. Zet het op het punt van zout.

TRUC

Als je een beetje koude boter toevoegt aan de gehaktsaus en het opklopt met een garde, krijg je meer dikte en glans.

ORANJE KIPPENBORSTEN MET CASHEWNOTEN

INGREDIËNTEN

4 kipfilets

75 g cashewnoten

2 glazen natuurlijk sinaasappelsap

4 lepels honing

2 eetlepels Cointreau

Meel

Olijfolie

Zout en peper

VERWERKEN

Kruid en bebloem de borsten. Bak ze bruin in veel olie, haal ze eruit en zet opzij.

Kook het sinaasappelsap met de Cointreau en honing gedurende 5 minuten. Voeg de borsten toe aan de saus en kook op laag vuur gedurende 8 min.

Serveer met de salsa en cashewnoten erover.

TRUC

Een andere manier om een goede sinaasappelsaus te maken, is door te beginnen met niet erg donkere snoepjes waaraan natuurlijk sinaasappelsap is toegevoegd.

INGEZETTE PARNICA

INGREDIËNTEN

4 patrijzen

300 gram uien

200 g wortelen

2 glazen witte wijn

1 bol knoflook

1 laurierblad

1 glas azijn

1 glas olie

Zout en 10 peperkorrels

VERWERKEN

Kruid en bak de patrijzen op hoog vuur. Ophalen en reserveren.

Fruit in dezelfde olie de in julienne gesneden wortelen en uien. Voeg als de groenten zacht zijn de wijn, azijn, peperkorrels, zout, knoflook en laurier toe. Fruit 10 min.

Doe de patrijs er weer in en kook op laag vuur nog 10 minuten.

TRUC

Om gebeitst vlees of vis meer smaak te geven, is het het beste om ze minstens 24 uur te laten rusten.

JAGER KIP

INGREDIËNTEN

1 kipgehakt

50 g gesneden champignons

½ liter kippenbouillon

1 glas witte wijn

4 geraspte tomaten

2 wortelen

2 teentjes knoflook

1 prei

½ ui

1 bosje aromatische kruiden (tijm, rozemarijn, laurier...)

Olijfolie

Zout en peper

VERWERKEN

Kruid en braad de kip in een hete pan met een scheutje olie. Afhalen en reserveren.

Fruit de gesneden wortelen, knoflook, prei en ui in dezelfde olie. Voeg dan de geraspte tomaat toe. Bak totdat de tomaat zijn water verliest. Leg de kip terug.

Bak de champignons apart bruin en voeg ze toe aan de stoofpot. Natmaken met het glas wijn en laten inkoken.

Bevochtig met de bouillon en voeg de aromatische kruiden toe. Kook tot de kip gaar is. Breng op smaak met zout.

TRUC

Dit gerecht kan ook gemaakt worden met kalkoen en zelfs konijn.

COCA COLA STIJL KIPPENVLEUGELS

INGREDIËNTEN

1 kg kippenvleugels

½ liter Coca Cola

4 eetlepels bruine suiker

2 eetlepels sojasaus

1 theelepel oregano

½ citroen

Zout en peper

VERWERKEN

Giet de Coca-Cola, suiker, soja, oregano en het sap van ½ citroen in een pan en kook 2 min.

Snijd de vleugels doormidden en kruid ze. Bak ze op 160 ºC tot ze wat kleur hebben. Voeg op dat moment de helft van de saus toe en draai de vleugels om. Keer ze elke 20 min.

Als de saus bijna is ingekookt, voeg je de andere helft toe en blijf roosteren tot de saus dik is.

TRUC

Het toevoegen van een takje vanille tijdens het maken van de saus verbetert de smaak en geeft het een onderscheidend tintje.

KNOFLOOK KIP

INGREDIËNTEN

1 kipgehakt

8 teentjes knoflook

1 glas witte wijn

1 eetlepel meel

1 cayennepeper

Azijn

Olijfolie

Zout en peper

VERWERKEN

Kruid de kip en bak hem goed bruin. Reserveer en laat de olie temperen.

Snijd de teentjes knoflook in blokjes en confit (in olie koken, niet bakken) de knoflook en cayennepeper zonder ze bruin te laten worden.

Natmaken met de wijn en laten inkoken tot het een bepaalde dichtheid heeft, maar niet droog is.

Voeg dan de kip toe en beetje bij beetje de theelepel bloem erop. Roer (controleer of de knoflook aan de kip plakt; zo niet, voeg dan wat meer bloem toe tot het een beetje plakt).

Dek af en roer af en toe. Kook 20 min op laag vuur. Werk af met een scheutje azijn en laat nog een minuutje koken.

TRUC

Roergebakken kip is essentieel. Het moet heel hoog worden gezet, zodat het goudbruin blijft aan de buitenkant en sappig aan de binnenkant.

KILINDRON KIP

INGREDIËNTEN

1 kleine gehakte kip

350 g gesneden serranoham

1 blikje van 800 g tomatenpulp

1 grote rode paprika

1 grote groene paprika

1 grote ui

2 teentjes knoflook

tijm

1 glas witte of rode wijn

Suiker

Olijfolie

Zout en peper

VERWERKEN

Kruid de kip en bak deze op hoog vuur. Afhalen en reserveren.

Fruit in dezelfde olie de paprika, knoflook en in middelgrote stukken gesneden ui. Voeg als de groenten mooi bruin zijn de ham toe en bak nog 10 minuten.

Leg de kip er weer in en giet de wijn erover. Laat 5 minuten op hoog vuur inkoken en voeg de tomaat en tijm toe. Zet het vuur laag en kook nog 30 min. Rectificatie van zout en suiker.

TRUC

Ditzelfde recept kan worden gemaakt met gehaktballen. Er blijft niets meer op het bord liggen!

GEMARINEERDE KWARTELS EN RODE VRUCHTEN

INGREDIËNTEN

4 kwartels

150 g rood fruit

1 glas azijn

2 glazen witte wijn

1 wortel

1 prei

1 teentje knoflook

1 laurierblad

Meel

1 glas olie

Zout en peperkorrels

VERWERKEN

Meel, kruid en bak de kwartels in een pan. Afhalen en reserveren.

Bak de in reepjes gesneden wortel en prei en de knoflook in plakjes in dezelfde olie. Voeg als de groenten zacht zijn de olie, azijn en wijn toe.

Voeg het laurierblad en de peper toe. Breng op smaak met zout en kook 10 minuten samen met de rode vruchten.

Voeg de kwartels toe en pocheer nog 10 minuten tot ze gaar zijn. Laat rusten onder het vuur.

TRUC

Deze marinade is samen met kwartelvlees een heerlijke smaakmaker en begeleider van een goede slasalade.

KIP MET CITROEN

INGREDIËNTEN

1 kip

30 gram suiker

25 gram boter

1 liter kippenbouillon

1dl witte wijn

Sap van 3 citroenen

1 ui

1 prei

Olijfolie

Zout en peper

VERWERKEN

Hak en kruid de kip. Bak op hoog vuur bruin en verwijder.

Schil de ui en maak de prei schoon en snijd ze in juliennereepjes. Bak de groenten in dezelfde olie waarin de kip is gemaakt. Bevochtig met de wijn en laat verdampen.

Voeg het citroensap, de suiker en de bouillon toe. Laat 5 minuten koken en doe de kip er weer in. Kook op laag vuur nog 30 min. Kruid met peper en zout.

TRUC

Om de saus fijner te maken en zonder stukjes groenten, is het beter om hem te pureren.

SAN JACOBO KIP MET SERRANO HAM, TORTA DEL CASAR EN RAKET

INGREDIËNTEN

8 dunne kipfilets

150 g bruidstaart

100 g rucola

4 plakjes serranoham

Meel, eieren en ontbijtgranen (voor topping)

Olijfolie

Zout en peper

VERWERKEN

Kruid de kipfilets en smeer ze in met de kaas. Leg de rucola en de serranoham op een ervan en leg er nog een bovenop om hem af te sluiten. Doe hetzelfde met de rest.

Haal ze door de bloem, het losgeklopte ei en de gehakte ontbijtgranen. Bak in ruime hete olie gedurende 3 min.

TRUC

Het kan worden gegarneerd met geplette popcorn, kikos en zelfs vermicelli. Het resultaat is erg grappig.

GEBAKKEN KIP CURRY

INGREDIËNTEN

4 kippenbouten (per persoon)

1 liter crème

1 bieslook of ui

2 eetlepels kerrie

4 natuuryoghurts

zout

VERWERKEN

Snijd de ui in kleine stukjes en meng deze in een kom met de yoghurt, room en curry. Breng op smaak met zout.

Snijd de kip in en marineer deze 24 uur in de yoghurtsaus.

Braad 90 min op 180 ºC, verwijder de kip en serveer met de opgeklopte saus.

TRUC

Als je saus over hebt, kun je er heerlijke gehaktballen van maken.

KIP IN RODE WIJN

INGREDIËNTEN

1 kipgehakt

½ liter rode wijn

1 takje rozemarijn

1 takje tijm

2 teentjes knoflook

2 prei

1 rode paprika

1 wortel

1 ui

Kippensoep

Meel

Olijfolie

Zout en peper

VERWERKEN

Kruid en bak de kip in een hete pan. Afhalen en reserveren.

Snijd de groenten in kleine stukjes en bak ze in dezelfde olie waarin de kip gebakken is.

Schenk de wijn erbij, voeg de aromatische kruiden toe en laat ongeveer 10 minuten op hoog vuur inkoken. Voeg de kip weer toe en giet de bouillon erover tot deze onder staat. Bak nog 20 minuten of tot het vlees gaar is.

TRUC

Als je een fijnere saus zonder stukjes wilt, pureer en zeef de saus.

GEBRADEN KIP MET ZWART BIER

INGREDIËNTEN

4 kippenbouten

Sterk 750ml

1 eetlepel komijn

1 takje tijm

1 takje rozemarijn

2 uien

3 teentjes knoflook

1 wortel

Zout en peper

VERWERKEN

Julienne de uien, wortelen en knoflook. Leg de tijm en rozemarijn op de bodem van een bakplaat en leg de ui, wortels en knoflook erop; en dan de kippenbouten met de huid naar beneden gekruid en bestrooid met komijn. Bak ongeveer 45 min op 175 ºC.

Schenk het bier er na 30 minuten bij, draai de vlaaien om en laat nog 45 minuten garen. Als de kip bruin is, haal je hem uit de pan en klop je de saus erdoor.

TRUC

Als je 2 in plakjes gesneden appels toevoegt aan het midden van het gebraad en deze samen met de rest van de saus pureert, komt de smaak nog beter tot zijn recht.

CHOCOLADE PATRIJS

INGREDIËNTEN

4 patrijzen

½ liter kippenbouillon

½ glas rode wijn

1 takje rozemarijn

1 takje tijm

1 lente-ui

1 wortel

1 teentje knoflook

1 geraspte tomaat

Chocolade

Olijfolie

Zout en peper

VERWERKEN

Kruid en bak de patrijzen. Reserveren.

Fruit de fijngehakte wortel, knoflook en lente-ui in dezelfde olie op middelhoog vuur. Zet het vuur hoger en voeg de tomaat toe. Kook tot het water verloren is. Bevochtig met de wijn en laat deze bijna volledig verdampen.

Voeg de bouillon toe en voeg de kruiden toe. Kook op laag vuur tot de patrijzen gaar zijn. Breng op smaak met zout. Haal van het vuur en voeg naar smaak chocolade toe. Verwijderen.

TRUC

Om het gerecht een pittige toets te geven, kun je een cayennepeper toevoegen en als je het knapperig wilt, voeg dan geroosterde hazelnoten of amandelen toe.

GEROOSTERDE KALKOEN MET SAUS VAN RODE VRUCHTEN

INGREDIËNTEN

4 kalkoenen

250 g rood fruit

½ liter mousserende wijn

1 takje tijm

1 takje rozemarijn

3 teentjes knoflook

2 prei

1 wortel

Olijfolie

Zout en peper

VERWERKEN

Maak de prei, wortelen en knoflook schoon en julienne. Zet deze groente op een schaal samen met de tijm, rozemarijn en rode vruchten.

Leg de kalkoenkwarten erop, besprenkeld met een scheutje olie en met de velkant naar beneden. Rooster 1 uur op 175 ºC.

Neem na 30 min een bad met cava. Draai het vlees om en gril nog 45 min. Zodra de tijd is verstreken, haal je het uit de pan. Maal, filter en rectificeer het zout van de saus.

TRUC

De kalkoen is klaar als de poot en de dij gemakkelijk van elkaar scheiden.

GEROOSTERDE KIP MET PERZIKSAUS

INGREDIËNTEN

4 kippenbouten

½ liter witte wijn

1 takje tijm

1 takje rozemarijn

3 teentjes knoflook

2 perziken

2 uien

1 wortel

Olijfolie

Zout en peper

VERWERKEN

Julienne de uien, wortelen en knoflook. Schil de perziken, halveer ze en verwijder de pit.

Doe de tijm en rozemarijn samen met de wortel, uien en knoflook op de bodem van een braadpan. Leg de billen besprenkeld met een scheutje olie erop, met het vel naar beneden, en braad ze ongeveer 45 min op 175ºC.

Giet na 30 minuten de witte wijn erover, draai ze om en bak ze nog eens 45 minuten bruin. Als de kip bruin is, haal je hem uit de pan en klop je de saus erdoor.

TRUC

Appels of peren kunnen aan het gebraad worden toegevoegd. De saus zal heerlijk smaken.

KIPFILET GEVULD MET SPINAZIE EN MOZZARELLA

INGREDIËNTEN

8 dunne kipfilets

200 g verse spinazie

150 gram mozzarella

8 basilicumblaadjes

1 theelepel gemalen komijn

Meel, eieren en paneermeel (om te paneren)

Olijfolie

Zout en peper

VERWERKEN

Kruid de borsten aan beide kanten. Leg de spinazie, de gehakte kaas en de gehakte basilicum erop en bedek met een andere filet. Rol de bloem, het losgeklopte ei en het paneermeel en komijnmengsel erdoor.

Bak een paar minuten aan elke kant en verwijder overtollige olie op absorberend papier.

TRUC

De perfecte begeleiding is een goede tomatensaus. Dit gerecht kan gemaakt worden met kalkoen en ook met verse ossenhaas.

GEBRADEN KIP IN CAVA

INGREDIËNTEN

4 kippenbouten

1 fles mousserende wijn

1 takje tijm

1 takje rozemarijn

3 teentjes knoflook

2 uien

Olijfolie

Zout en peper

VERWERKEN

Snijd de uien en knoflook juliana. Leg de tijm en rozemarijn op de bodem van een braadpan en schik de uien en knoflook erop, daarna de gepeperde uien, met de velkant naar beneden. Bak ongeveer 45 min op 175 ºC.

Besprenkel na 30 minuten met de cava, draai de restjes om en kook nog 45 minuten. Als de kip bruin is, haal je hem uit de pan en klop je de saus erdoor.

TRUC

Een andere variabele in hetzelfde recept is om het te maken met lambrusco of zoete wijn.

KIPSPIESJES MET PINDASAUS

INGREDIËNTEN

600 g kipfilets

150 g pinda's

500 ml kippenbouillon

200 ml room

3 eetlepels sojasaus

3 eetlepels honing

1 lepel kerrie

1 cayennepeper zeer fijngehakt

1 eetlepel limoensap

Olijfolie

Zout en peper

VERWERKEN

Pureer de pinda's heel goed tot ze een pasta worden. Meng ze in een kom samen met het limoensap, bouillon, soja, honing, kerrie, zout en peper. Snijd de borsten in stukjes en marineer ze een nacht in dit mengsel.

Haal de kip eruit en rijg hem aan de spiesen. Kook het vorige mengsel samen met de room op laag vuur gedurende 10 min.

Bak de spiesjes in een pan op middelhoog vuur bruin en serveer met de saus erover.

TRUC

Je kunt ze maken met kippenbouten. Maar in plaats van ze in een pan te bruinen, rooster ze in de oven met jus erop.

KIP IN PEPITORIA

INGREDIËNTEN

1 en een halve kg kip

250 gram ui

50 g geroosterde amandelen

25 g gebakken brood

½ liter kippenbouillon

¼ l goede wijn

2 teentjes knoflook

2 laurierblaadjes

2 gekookte eieren

1 eetlepel meel

14 draadjes saffraan

150 gram olijfolie

Zout en peper

VERWERKEN

Hak en kruid de in stukjes gesneden kip. Goud en reserve.

Snijd de ui en knoflook in kleine stukjes en bak ze in dezelfde olie waarin de kip gebakken is. Voeg de bloem toe en kook op laag vuur gedurende 5 min. Bevochtig met de wijn en laat verdampen.

Voeg de bouillon toe tot op het punt van zout en kook nog eens 15 minuten. Voeg vervolgens de gereserveerde kip samen met de laurierblaadjes toe en kook tot de kip gaar is.

Rooster apart de saffraan en voeg deze toe aan de vijzel samen met het gebakken brood, de amandelen en de eierdooiers. Stamp tot een pasta en voeg toe aan de kipstoofpot. Kook nog 5 min.

TRUC

Er is geen betere begeleiding voor dit recept dan een goede rijstpilaf. Het kan worden geserveerd met gehakt eiwit en een beetje fijngehakte peterselie erover.

KIP MET SINAASAPPEL

INGREDIËNTEN

1 kip

25 gram boter

1 liter kippenbouillon

1 dl roséwijn

2 lepels honing

1 takje tijm

2 wortelen

2 sinaasappels

2 prei

Olijfolie

Zout en peper

VERWERKEN

Kruid en braad het kipgehakt op hoog vuur in olijfolie. Ophalen en reserveren.

Schil de wortelen en prei, maak ze schoon en snijd ze in juliennereepjes. Bak in dezelfde olie waarin de kip is gebakken. Giet de wijn erbij en kook op hoog vuur tot het ingekookt is.

Voeg het sinaasappelsap, de honing en de bouillon toe. Laat 5 minuten koken en voeg de stukjes kip weer toe. Stoof op laag vuur gedurende 30 min. Voeg de koude boter toe en breng op smaak met zout en peper.

TRUC

Je kunt een flinke handvol noten achterwege laten en na het koken toevoegen aan de stamppot.

GESTOOFDE KIP MET PORCINI

INGREDIËNTEN

1 kip

200 g serranoham

200 g eekhoorntjesbrood

50 gram boter

600 ml kippenbouillon

1 glas witte wijn

1 takje tijm

1 teentje knoflook

1 wortel

1 ui

1 tomaat

Olijfolie

Zout en peper

VERWERKEN

Hak, kruid en braad de kip in boter en een scheutje olie. Ophalen en reserveren.

Fruit in hetzelfde vet de gesnipperde ui, wortel en knoflook samen met de blokjes ham. Zet het vuur hoger en voeg de fijngesneden eekhoorntjesbrood toe. Laat 2 minuten koken, voeg de geraspte tomaat toe en kook tot al het water verloren is.

Voeg de stukjes kip weer toe en giet de wijn erover. Laat inkoken tot de saus bijna droog is. Bevochtig met de bouillon en voeg de tijm toe. Laat 25 minuten sudderen of tot de kip gaar is. Breng op smaak met zout.

TRUC

Gebruik seizoensgebonden of gedroogde paddenstoelen.

GESAUTTE KIP MET NOTEN EN SOJA

INGREDIËNTEN

3 kipfilets

70 g rozijnen

30 g amandelen

30 g cashewnoten

30 g walnoten

30 g hazelnoten

1 glas kippenbouillon

3 eetlepels sojasaus

2 teentjes knoflook

1 cayennepeper

1 citroen

Gember

Olijfolie

Zout en peper

VERWERKEN

Hak de borsten, kruid ze en bruin ze in een pan op hoog vuur. Ophalen en reserveren.

Bak in die olie de walnoten samen met de geraspte knoflook, een klein stukje geraspte gember, de cayennepeper en de citroenschil.

Voeg de rozijnen, gereserveerde borsten en sojabonen toe. Laat 1 min inkoken en giet over de bouillon. Kook nog 6 minuten op middelhoog vuur en voeg indien nodig zout toe.

TRUC

Het is praktisch niet nodig om zout te gebruiken, omdat het bijna volledig uit sojabonen wordt geleverd.

CHOCOLADE KIP MET GEROOSTERDE ALMEDRAS

INGREDIËNTEN

1 kip

60 g geraspte donkere chocolade

1 glas rode wijn

1 takje tijm

1 takje rozemarijn

1 laurierblad

2 wortelen

2 teentjes knoflook

1 ui

Kippenbouillon (of water)

Geroosterde amandelen

Extra vergine olijfolie

Zout en peper

VERWERKEN

Hak, kruid en bruin de kip in een zeer hete pan. Ophalen en reserveren.

Fruit in dezelfde olie de ui, wortels en in kleine stukjes gesneden knoflookteentjes op laag vuur.

Voeg het laurierblad en de takjes tijm en rozemarijn toe. Schenk de wijn en de bouillon erbij en kook op laag vuur gedurende 40 minuten. Breng op smaak met zout en verwijder de kip.

Pureer de saus met de blender en doe terug in de pan. Voeg de kip en chocolade toe en roer tot de chocolade smelt. Laat nog 5 minuten koken om de smaken te mengen.

TRUC

Werk af met geroosterde amandelen erover. Als je er een cayennepeper of een chilipeper aan toevoegt, krijgt het een pittige toets.

LAMSPIESJES MET PAPRIKA EN MOSTERDVINAIGRETTE

INGREDIËNTEN

350 g lamsvlees

2 eetlepels azijn

1 volle eetlepel paprikapoeder

1 opgehoopte eetlepel mosterd

1 afgestreken lepel suiker

1 bakje cherrytomaatjes

1 groene paprika

1 rode paprika

1 kleine lente-ui

1 ui

5 eetlepels olijfolie

Zout en peper

VERWERKEN

Maak de groenten schoon en snijd ze, behalve de lente-ui, in middelgrote blokjes. Snijd het lamsvlees in blokjes van dezelfde grootte. Assembleer de spiesen, steek er een stuk vlees en een stuk groente in. Seizoen. Bak ze in een zeer hete pan met een scheutje olie gedurende 1 of 2 minuten aan elke kant.

Combineer apart de mosterd, paprika, suiker, olie, azijn en gehakte bieslook in een kom. Breng op smaak met zout en emulgeer.

Serveer de vers gemaakte spiesen met een beetje paprikasaus.

TRUC

Je kunt ook 1 eetlepel kerriepoeder en wat citroenrasp aan de vinaigrette toevoegen.

KALFSVIN GEVULD MET PORT

INGREDIËNTEN

1 kg kalfsvinnen (open als een te vullen boek)

350 g varkensgehakt

1 kg wortelen

1 kilo uien

100 gram pijnboompitten

1 klein blikje piquillo pepers

1 pot zwarte olijven

1 pak spek

1 bol knoflook

2 laurierblaadjes

portwijn

Runderbouillon

Olijfolie

Zout en peperkorrels

VERWERKEN

Kruid de vin aan beide kanten. Vul met het varkensvlees, de pijnboompitten, de fijngesneden paprika's, de in vieren gesneden olijven en het in reepjes gesneden spek. Oprollen en in een net doen of binden met hoofdsteldraad. Sauteer op zeer hoog vuur, verwijder en zet opzij.

Snijd de wortels, uien en knoflook in brunoise en bak ze bruin in dezelfde olie waarin het kalfsvlees gebakken is. Plaats de vin terug. Besprenkel met een scheutje port en runderbouillon tot alles onder staat. Voeg 8 peperkorrels en laurierblaadjes toe. Kook afgedekt op laag vuur gedurende 40 min. Draai elke 10 min. Zodra het vlees zacht is, verwijder en meng de saus.

TRUC

Port kan worden vervangen door elke andere wijn of champagne.

MADRILEÑA GEHAKTBALLEN

INGREDIËNTEN

1 kg gehakt

500 g varkensgehakt

500 g rijpe tomaten

150 g uien

100 gram champignons

1 liter vleesbouillon (of water)

2 dl witte wijn

2 eetlepels verse peterselie

2 eetlepels paneermeel

1 eetlepel meel

3 teentjes knoflook

2 wortelen

1 laurierblad

1 ei

Suiker

Olijfolie

Zout en peper

VERWERKEN

Meng de twee vleeswaren met de fijngehakte peterselie, 2 in blokjes gesneden teentjes knoflook, het paneermeel, het ei, zout en peper. Vorm balletjes en bak ze bruin in een pan. Afhalen en reserveren.

Fruit in dezelfde olie de ui met de resterende knoflook, voeg de bloem toe en bak bruin. Voeg de tomaten toe en laat nog 5 min. Schenk de wijn erbij en laat nog 10 minuten koken. Voeg de bouillon toe en laat nog 5 minuten koken. Verpletter en rectificeer zout en suiker. Bak de gehaktballetjes in de saus 10 minuten samen met het laurierblad.

Maak de wortelen en champignons apart schoon, schil ze en snijd ze in blokjes. Bak ze met een scheutje olie 2 minuten en voeg ze toe aan de gehaktballenstoofpot.

TRUC

Om het gehaktballenmengsel lekkerder te maken, voeg je 150 g gehakt vers Iberisch spek toe. Het is beter om niet te veel aan te drukken bij het bereiden van de balletjes, zodat ze sappiger worden.

RUNDVLEESWANGEN MET CHOCOLADE

INGREDIËNTEN

8 runderwangetjes

½ liter rode wijn

6 ons chocolade

2 teentjes knoflook

2 tomaten

2 prei

1 stengel bleekselderij

1 wortel

1 ui

1 takje rozemarijn

1 takje tijm

Meel

Rundvleesbouillon (of water)

Olijfolie

Zout en peper

VERWERKEN

Kruid en bak de wangen bruin in een zeer hete pan. Afhalen en reserveren.

Snijd de groenten in brunoise en bak ze in dezelfde pan waarin de wangetjes gebakken zijn.

Voeg als de groenten zacht zijn de geraspte kerstomaatjes toe en kook tot al het water verloren is. Voeg de wijn, de aromatische kruiden toe en laat 5 minuten verdampen. Voeg de wangen en runderbouillon toe om te coaten.

Kook tot de wangen heel zacht zijn, voeg chocolade naar smaak toe, roer en breng op smaak met zout en peper.

TRUC

De saus kan in stukjes worden gesneden of bij de hele groentestukjes worden gelaten.

GECONFITEERDE PORK PIE MET ZOETE WIJNSAUS

INGREDIËNTEN

½ speenvarken, gehakt

1 glas zoete wijn

2 takjes rozemarijn

2 takjes tijm

4 teentjes knoflook

1 kleine wortel

1 kleine ui

1 tomaat

milde olijfolie

grof zout

VERWERKEN

Spreid het speenvarken uit op een dienblad en zout aan beide kanten. Voeg de geperste knoflook en de kruiden toe. Bedek met olie en braad op 100 ºC gedurende 5 uur. Laat het dan opwarmen en ontbenen, verwijder het vlees en de huid.

Leg het bakpapier op een bakplaat. Verdeel het varkensvlees en leg de varkenshuid erop (deze moet minimaal 2 vingers hoog zijn). Leg nog een bakpapier en reserveer in de koelkast met wat gewicht erop.

Bereid ondertussen een donkere bouillon. Snijd de botten en groenten in middelgrote stukken. Rooster de botten 35 minuten op 185ºC, voeg de groenten toe aan de zijkanten en braad nog eens 25 minuten. Haal uit de oven en bevochtig met de wijn. Doe alles in een pan en bedek met koud water. Laat 2 uur koken op zeer laag vuur. Zeef en zet terug op het vuur tot het iets ingedikt is. Ontvetten.

Snijd de cake in porties en bak in een hete pan aan de huidzijde krokant. Bak 3 minuten op 180ºC.

TRUC

Het is een meer arbeidsintensief dan moeilijk gerecht, maar het resultaat is spectaculair. De enige manier om te voorkomen dat het aan het einde verpest wordt, is door de saus naast het vlees te serveren en niet er bovenop.

MERK KONIJN

INGREDIËNTEN

1 gehakt konijn

80 g amandelen

1 liter kippenbouillon

400 ml pulp

200 ml room

1 takje rozemarijn

1 takje tijm

2 uien

2 teentjes knoflook

1 wortel

10 saffraandraden

Zout en peper

VERWERKEN

Hak, kruid en bruin het konijn. Ophalen en reserveren.

Fruit in dezelfde olie de in kleine stukjes gesneden wortel, ui en knoflook. Voeg de saffraan en amandelen toe en bak 1 min. mee.

Verhoog het vuur en voeg de pulp toe. gevlamd Voeg het konijn weer toe en besprenkel met de bouillon. Voeg de tijm en rozemarijntakjes toe.

Laat ongeveer 30 minuten koken tot het konijn gaar is en voeg de room toe. Laat nog 5 minuten koken en breng op smaak met zout.

TRUC

Flambé is het verbranden van de alcohol van een geest. Hierbij moet erop worden gelet dat de afzuigkap is uitgeschakeld.

GEHAKTBALLEN IN PEPITORIA HAZELNOOTSAUS

INGREDIËNTEN

750 g gehakt

750 g varkensgehakt

250 gram ui

60 g hazelnoten

25 g gebakken brood

½ liter kippenbouillon

¼ liter witte wijn

10 saffraandraden

2 eetlepels verse peterselie

2 eetlepels paneermeel

4 teentjes knoflook

2 gekookte eieren

1 vers ei

2 laurierblaadjes

150 gram olijfolie

Zout en peper

VERWERKEN

Meng het vlees, gehakte peterselie, knoflookblokjes, paneermeel, ei, zout en peper in een kom. Meel en bruin in een pan op middelhoog vuur. Ophalen en reserveren.

Fruit in dezelfde olie de ui en de andere 2 in blokjes gesneden teentjes knoflook op laag vuur. Bevochtig met de wijn en laat verdampen. Voeg de bouillon toe en kook 15 min. Voeg de gehaktballetjes toe aan de jus samen met de laurierblaadjes en kook nog 15 minuten.

Rooster de saffraan apart en maal deze in een vijzel samen met het gebakken brood, de hazelnoten en de eierdooiers tot een homogene pasta. Voeg toe aan de stoofpot en kook nog 5 min.

TRUC

Serveer met de gehakte eiwitten en een beetje peterselie erover.

KALFSSCALOPINE MET ZWART BIER

INGREDIËNTEN

4 biefstukken

125 g shiitake-paddenstoelen

1/3 liter donker bier

1 dl vleesbouillon

1 dl room

1 wortel

1 lente-ui

1 tomaat

1 takje tijm

1 takje rozemarijn

Meel

Olijfolie

Zout en peper

VERWERKEN

Kruid en bebloem de filets. Bak ze lichtbruin in een pan met een scheutje olie. Afhalen en reserveren.

Fruit de in blokjes gesneden ui en wortel in dezelfde olie. Voeg als het gaar is de geraspte tomaat toe en kook tot de saus bijna droog is.

Voeg het bier toe, laat de alcohol 5 minuten verdampen op middelhoog vuur en voeg de bouillon, kruiden en filets toe. Bak 15 minuten of tot ze gaar zijn.

Bak aan de zijkant de gefileerde champignons op hoog vuur en voeg ze toe aan de stoofpot. Breng op smaak met zout.

TRUC

De filets mogen niet te gaar zijn, anders worden ze erg taai.

TRIPSE IN MADRILEÑA

INGREDIËNTEN

1 kg schone pens

2 varkenspootjes

25 g meel

1dl azijn

2 eetlepels paprikapoeder

2 laurierblaadjes

2 uien (waarvan 1 gekruid)

1 bol knoflook

1 Spaanse peper

2 dl olijfolie

20 gram zout

VERWERKEN

Blancheer de pens en de varkenspoten in een pan met koud water. Laat 5 minuten koken zodra het begint te koken.

Giet af en vervang door schoon water. Voeg de puntige ui, rode paprika, knoflookkop en laurierblaadjes toe. Voeg indien nodig meer water toe zodat het goed onder staat en kook op laag vuur en afgedekt gedurende 4 uur tot de dravers en pens gaar zijn.

Als de pens gaar is, verwijder je de ui, het laurierblad en de chilipeper. Verwijder ook de dravers, ontbeen ze en snijd ze in stukjes ter grootte van pens. Doe het terug in de pot.

Bak apart de andere in brunoise gesneden ui, voeg de paprika en 1 eetlepel bloem toe. Eenmaal gekookt, voeg je het toe aan de stoofpot. Kook gedurende 5 minuten, voeg zout toe en bind indien nodig.

TRUC

Dit recept krijgt meer smaak als het een dag of twee van tevoren wordt bereid. Je kunt ook wat gekookte kikkererwten toevoegen en een bord eerste keuze peulvruchten krijgen.

GEROOSTERDE VARKENSLENDE MET APPELS EN MUNT

INGREDIËNTEN

800 g verse varkenslende

500 gram appels

60 gram suiker

1 glas witte wijn

1 glas grappa

10 muntblaadjes

1 laurierblad

1 grote ui

1 wortel

Olijfolie

Zout en peper

VERWERKEN

Kruid de lende met zout en peper en bak op hoog vuur bruin. Ophalen en reserveren.

Fruit in die olie de schoongemaakte en fijngesneden ui en wortel. Schil en ontpit de appels.

Leg alles op een bakplaat, bevochtig met alcohol en voeg het laurierblad toe. Bak 90 min op 185°C.

Verwijder de appels en groenten en meng ze met de suiker en munt. Fileer de lende en de saus met het kookvocht en begeleid de appelcompote.

TRUC

Voeg tijdens het koken een beetje water toe aan de pan om te voorkomen dat de lendenen uitdrogen.

KIP GEHAKTBALLEN MET FRAMBOZENSAUS

INGREDIËNTEN

Voor de gehaktballetjes

1 kg kippengehakt

1dl melk

2 eetlepels paneermeel

2 eieren

1 teentje knoflook

sherry wijn

Meel

Gehakte peterselie

Olijfolie

Zout en peper

Voor de frambozensaus

200 g frambozenjam

½ liter kippenbouillon

1½ dl witte wijn

½ dl sojasaus

1 tomaat

2 wortelen

1 teentje knoflook

1 ui

zout

VERWERKEN

Voor de gehaktballetjes

Meng het vlees met het paneermeel, de melk, de eieren, het fijngehakte teentje knoflook, de peterselie en een scheutje wijn. Kruid met peper en zout en laat 15 minuten rusten.

Vorm balletjes van het mengsel en rol ze door de bloem. Bruin in de olie en probeer iets rauw van binnen te laten. Boek de olie.

Voor de zoetzure frambozensaus

Schil en snipper de ui, knoflook en in blokjes gesneden wortelen. Bak in dezelfde olie waarin de gehaktballetjes bruin werden. Breng op smaak met een snufje zout. Voeg de gepelde en ontpitte tomaten toe en kook op laag vuur tot het water is verdampt.

Giet de wijn erbij en kook tot de helft is ingekookt. Voeg de sojasaus en bouillon toe en kook nog 20 minuten tot de saus dik is. Voeg de jam en de gehaktballetjes toe en bak nog 10 minuten.

TRUC

De frambozenjam kan vervangen worden door een ander rood fruit en ook door de jam.

LAMSSTOOFPOT

INGREDIËNTEN

1 lamsbout

1 groot glas rode wijn

½ kopje geplette tomaat (of 2 geraspte tomaten)

1 eetlepel zoete paprika

2 grote aardappelen

1 groene paprika

1 rode paprika

1 ui

Rundvleesbouillon (of water)

Olijfolie

Zout en peper

VERWERKEN

Hak, kruid en bruin de poot in een zeer hete pan. Afhalen en reserveren.

Fruit in dezelfde olie de in blokjes gesneden paprika en ui. Als de groenten goed gebakken zijn, voeg je de lepel paprikapoeder en de tomaat toe. Blijf op hoog vuur koken tot de tomaat zijn water verliest. Voeg dan het lamsvlees weer toe.

Bevochtig met de wijn en laat verdampen. Overgiet met de vleesbouillon.

Voeg de cachelada-aardappelen (ongesneden) toe als het lamsvlees zacht is en kook tot de aardappelen gaar zijn. Kruid met peper en zout.

TRUC

Voor een nog lekkerdere saus bak je 4 piquillo pepers en 1 teentje knoflook apart. Meng met een beetje bouillon van de stamppot en voeg toe aan de stamppot.

CIVETO DI LEPRE

INGREDIËNTEN

1 haas

250 g champignons

250 g wortelen

250 gram ui

100 gram spek

¼ liter rode wijn

3 eetlepels tomatensaus

2 teentjes knoflook

2 takjes tijm

2 laurierblaadjes

Rundvleesbouillon (of water)

Olijfolie

Zout en peper

VERWERKEN

Snijd de haas in plakjes en marineer deze 24 uur in wortel, knoflook en in kleine stukjes gesneden ui, wijn, 1 takje tijm en 1 laurierblad. Nadat de tijd is verstreken, filtert u en houdt u de wijn aan de ene kant en de groenten aan de andere kant apart.

Kruid de haas met peper en zout, bak hem op hoog vuur bruin en haal hem eruit. Fruit de groenten op middelhoog vuur in dezelfde olie. Voeg de tomatensaus toe en bak 3 min. Zet de haas terug. Bevochtig met de wijn en de bouillon tot het vlees onder staat. Voeg het andere takje tijm en het andere laurierblad toe. Kook tot de haas zacht is.

Bak ondertussen de spekreepjes en de in vieren gesneden champignons bruin en voeg ze toe aan de stamppot. Stamp de hazenlever apart in een vijzel en voeg dat ook toe. Laat nog 10 minuten koken en breng op smaak met zout en peper.

TRUC

Dit gerecht kan met elk wild worden gemaakt en is lekkerder als het de dag ervoor is bereid.

KONIJN MET PIPERRADA

INGREDIËNTEN

1 konijn

2 grote tomaten

2 uien

1 groene paprika

1 teentje knoflook

Suiker

Olijfolie

Zout en peper

VERWERKEN

Hak, kruid en bak het konijn in een hete pan. Ophalen en reserveren.

Snijd de uien, paprika's en knoflook in kleine stukjes en bak ze op laag vuur gedurende 15 minuten in dezelfde olie waarin het konijn is gebakken.

Voeg de in brunoise gesneden tomaten toe en kook op middelhoog vuur tot al het water verloren is. Corrigeer indien nodig zout en suiker.

Voeg het konijn toe, zet het vuur lager en kook 15 tot 20 minuten in een afgedekte pan, af en toe roerend.

TRUC

Aan de piperrada kunnen courgettes of aubergines worden toegevoegd.

KIP GEHAKTBALLEN GEVULD MET KAAS MET CURRYSAUS

INGREDIËNTEN

500 g kipgehakt

150 g kaas in blokjes gesneden

100 g paneermeel

200 ml room

1 glas kippenbouillon

2 eetlepels kerrie

½ eetlepel paneermeel

30 rozijnen

1 groene paprika

1 wortel

1 ui

1 ei

1 citroen

Melk

Meel

Olijfolie

zout

VERWERKEN

Kruid de kip en meng het paneermeel, ei, 1 eetlepel kerrie en het paneermeel geweekt in melk erdoor. Vorm balletjes, vul ze met een blokje kaas en rol ze door bloem. Bak en reserveer.

Fruit in dezelfde olie de in kleine stukjes gesneden ui, paprika en wortel. Voeg de citroenrasp toe en bak een paar minuten mee. Voeg de andere eetlepel kerrie, de rozijnen en de kippenbouillon toe. Voeg de room toe als het begint te koken en kook 20 min. Breng op smaak met zout.

TRUC

Een ideale aanvulling op deze gehaktballen zijn in vieren gesneden champignons, gebakken met een paar gehakte teentjes knoflook en weggespoeld met een flinke scheut Port of Pedro Ximénez-wijn.

VARKENSWANGEN IN RODE WIJN

INGREDIËNTEN

12 varkenswangetjes

½ liter rode wijn

2 teentjes knoflook

2 prei

1 rode paprika

1 wortel

1 ui

Meel

Rundvleesbouillon (of water)

Olijfolie

Zout en peper

VERWERKEN

Kruid en bak de wangen bruin in een zeer hete pan. Afhalen en reserveren.

Snijd de groenten in bronoise en bak ze in dezelfde olie waarin het varkensvlees gebakken is. Voeg als ze goed gaar zijn de wijn toe en laat 5 minuten inkoken. Voeg de wangen en runderbouillon toe om te coaten.

Kook tot de wangen heel mals zijn en pureer de saus als je geen stukjes groen wilt overhouden.

TRUC

Varkenswangetjes kosten veel minder tijd dan runderwangetjes. Je krijgt een andere smaak als je op het einde een ons chocolade aan de saus toevoegt.

NAVARRA VARKEN ZIJDE

INGREDIËNTEN

2 gehakte lamsbouten

50 gram reuzel

1 theelepel paprikapoeder

1 eetlepel azijn

2 teentjes knoflook

1 ui

Olijfolie

Zout en peper

VERWERKEN

Snijd de lamsschenkels in kleine stukjes. Voeg zout en peper toe en bruin op hoog vuur in een pan. Afhalen en reserveren.

Fruit de fijngesneden ui en knoflook in dezelfde olie 8 minuten op laag vuur. Voeg de paprika toe en bak nog 5 seconden. Voeg het lamsvlees toe en bedek met water.

Kook tot de saus is ingekookt en het vlees mals is. Giet de azijn erbij en breng aan de kook.

TRUC

De eerste bruining is essentieel omdat het voorkomt dat de sappen eruit lopen. Het zorgt ook voor een knapperige toets en versterkt de smaken.

RUNDVLEESSTOPJE MET PINDASAUS

INGREDIËNTEN

750 g bloedworstvlees

250 g pinda's

2 l vleesbouillon

1 glas room

½ glas grappa

2 eetlepels tomatensaus

1 takje tijm

1 takje rozemarijn

4 aardappelen

2 wortelen

1 ui

1 teentje knoflook

Olijfolie

Zout en peper

VERWERKEN

Hak, kruid en bruin de bloedworst op hoog vuur. Afhalen en reserveren.

Fruit in dezelfde olie de ui, knoflook en in blokjes gesneden wortel op laag vuur. Zet het vuur hoger en voeg de tomatensaus toe. Laat het inkoken tot het al zijn water verliest. Bevochtig met de cognac en laat de alcohol verdampen. Voeg het vlees weer toe.

Pureer de pinda's goed met de bouillon en voeg deze samen met de aromatische kruiden toe aan de pan. Kook op laag vuur tot het vlees bijna gaar is.

Voeg vervolgens de aardappelen toe, geschild en in regelmatige vierkanten gesneden, en de room. Laat 10 minuten koken en breng op smaak met zout en peper. Laat 15 minuten rusten alvorens te serveren.

TRUC

Dit vleesgerecht kan worden vergezeld van rijstpilaf (zie het gedeelte Rijst en Pasta).

GEROOSTERD VARKEN

INGREDIËNTEN

1 speenvarken

2 eetlepels reuzel

zout

VERWERKEN

Bekleed de oren en staart met aluminiumfolie zodat ze niet verbranden.

Leg 2 houten lepels op een bakplaat en leg de big met de voorkant naar boven, zodat deze de bodem van de bak niet raakt. Voeg 2 eetlepels water toe en bak 2 uur op 180ºC.

Los het zout op in 4 dl water en verf de binnenkant van de big elke 10 minuten. Draai het na een uur om en blijf schilderen met zout water tot de tijd om is.

Smelt de boter en verf de huid. Verhoog de oven naar 200ºC en braad nog 30 minuten of tot het vel goudbruin en krokant is.

TRUC

Druppel het sap niet over de schil; hierdoor zou het zijn knapperigheid verliezen. Serveer de saus onderaan het gerecht.

GEROOSTERDE KIN MET KOOL

INGREDIËNTEN

4 knokkels

½ kool

3 teentjes knoflook

Olijfolie

Zout en peper

VERWERKEN

Bedek de knokkels met kokend water en kook gedurende 2 uur of tot ze helemaal gaar zijn.

Haal ze uit het water en bak ze met een scheutje olie op 220ºC goudbruin. Seizoen.

Snijd de kool in dunne reepjes. Kook in ruim kokend water gedurende 15 min. Droogleggen.

Fruit ondertussen de gesneden knoflook in een beetje olie, voeg de kool toe en bak deze bruin. Kruid met peper en zout en serveer naast de geroosterde knokkels.

TRUC

Knuckles kunnen ook in een zeer hete koekenpan worden gemaakt. Bak ze aan alle kanten goed bruin.

JAGER KONIJN

INGREDIËNTEN

1 konijn

300 g champignons

2 glazen kippenbouillon

1 glas witte wijn

1 takje verse tijm

1 laurierblad

2 teentjes knoflook

1 ui

1 tomaat

Olijfolie

Zout en peper

VERWERKEN

Hak, kruid en bak het konijn op hoog vuur. Afhalen en reserveren.

Fruit de gesnipperde ui en knoflook op laag vuur in dezelfde olie gedurende 5 minuten. Zet het vuur hoger en voeg de geraspte tomaat toe. Kook tot er geen water meer is.

Leg het konijn er weer in en giet de wijn erover. Even laten inkoken en de saus is bijna droog. Voeg de bouillon toe en kook samen met de kruiden 25 minuten of tot het vlees gaar is.

Fruit ondertussen de schoongemaakte en in plakjes gesneden champignons 2 minuten in een hete pan. Breng op smaak met zout en voeg ze toe aan de stoofpot. Kook nog 2 minuten en pas indien nodig het zout aan.

TRUC

Ditzelfde recept kan worden gemaakt met kip- of kalkoenvlees.

RUNDVLEESKOMMEL IN MADRILEÑA-STIJL

INGREDIËNTEN

4 biefstukken

1 eetlepel verse peterselie

2 teentjes knoflook

Meel, eieren en paneermeel (om te paneren)

Olijfolie

Zout en peper

VERWERKEN

Hak de peterselie en knoflook fijn. Combineer ze in een kom en voeg de paneermeel toe. Verwijderen.

Kruid de filets met peper en zout en wentel ze door de bloem, het losgeklopte ei en het mengsel van paneermeel met knoflook en peterselie.

Druk met je handen zodat het paneermeel goed hecht en bak in ruim hete olie gedurende 15 seconden.

TRUC

Plet de filets met een hamer zodat de vezels breken en het vlees malser wordt.

GESTOOFD KONIJN MET PADDESTOELEN

INGREDIËNTEN

1 konijn

250 g seizoenschampignons

50 gram reuzel

200 gram spek

45 g amandelen

600 ml kippenbouillon

1 glas sherrywijn

1 wortel

1 tomaat

1 ui

1 teentje knoflook

1 takje tijm

Zout en peper

VERWERKEN

Hak en kruid het konijn. Bak deze op hoog vuur bruin in de boter samen met de in plakken gesneden bacon. Afhalen en reserveren.

Fruit in hetzelfde vet de gesnipperde ui, wortel en knoflook. Voeg de gesneden champignons toe en bak 2 min. mee. Voeg de geraspte tomaat toe en kook tot het zijn water verliest.

Voeg het konijn en de bacon weer toe en giet de wijn erover. Even laten inkoken en de saus is bijna droog. Voeg de bouillon toe en voeg de tijm toe. Kook op laag vuur gedurende 25 minuten of tot het konijn zacht is. Werk af met de amandelen erop en breng op smaak met zout.

TRUC

Gedroogde shiitake-paddenstoelen kunnen worden gebruikt. Ze voegen veel smaak en aroma toe.

IBERISCHE VARKENSRIBBEN IN WITTE WIJN EN HONING

INGREDIËNTEN

1 Iberisch varkensribbetje

1 glas witte wijn

2 lepels honing

1 eetlepel zoete paprika

1 eetlepel gehakte rozemarijn

1 eetlepel gehakte tijm

1 teentje knoflook

Olijfolie

Zout en peper

VERWERKEN

Doe de kruiden, geraspte knoflook, honing en zout in een kom. Voeg ½ kopje olie toe en meng. Smeer de ribbetjes in met dit mengsel.

Braad 30 minuten op 200 ºC met de vleeskant naar beneden. Draai om, besprenkel met de wijn en kook nog eens 30 minuten of tot de ribben bruin en zacht zijn.

TRUC

Om de smaken beter in de ribben te laten doordringen, kun je het vlees het beste de dag ervoor marineren.

PEPER CHOCOLADE PEREN

INGREDIËNTEN

150 g chocolade

85 gram suiker

½ liter melk

4 peren

1 kaneelstokje

10 peperkorrels

VERWERKEN

Schil de peren zonder het steeltje te verwijderen. Kook ze in de melk samen met de suiker, het kaneelstokje en de peperkorrels 20 min.

Verwijder de peren, filter de melk en voeg de chocolade toe. Laat inkoken zonder te stoppen met roeren tot het dikker wordt. Serveer de peren vergezeld van de chocoladesaus.

TRUC

Zodra de peren gaar zijn, opent u ze in de lengte, verwijdert u het klokhuis en vult u ze met de mascarpone en suiker. Sluit weer en saus. verrukkelijk.

DRIE CHOCOLADECAKE MET KOEKJE

INGREDIËNTEN

150 g witte chocolade

150 g donkere chocolade

150 g melkchocolade

450 ml room

450 ml melk

4 eetlepels boter

1 pakje Mariakoekjes

3 enveloppen kwark

VERWERKEN

Verkruimel de koekjes en smelt de boter. Meng de koekjes met de boter en maak de taartbodem in een uitneembare vorm. Laat 20 min rusten in de vriezer.

Verwarm ondertussen 150 g melk, 150 g room en 150 g van een van de chocolaatjes in een kom. Zodra het begint te koken, verdun je 1 zakje stremsel in een glas met een beetje melk en voeg je dit toe aan het mengsel in de kom. Verwijder zodra het weer kookt.

Leg de eerste chocolade op het koekjesdeeg en zet 20 min in de vriezer.

Herhaal hetzelfde met een andere chocolade en plaats deze bovenop de eerste laag. En herhaal de handeling met de derde chocolade. Laat rusten in de vriezer of koelkast tot het moment van serveren.

TRUC

Andere chocolaatjes kunnen worden gebruikt, zoals munt of sinaasappel.

ZWITSERS MERINGUE

INGREDIËNTEN

250 gram suiker

4 eiwitten

een snufje zout

Een paar druppels citroensap

VERWERKEN

Klop de eiwitten met de garde tot een harde consistentie. Voeg het citroensap, een snufje zout en de suiker toe, beetje bij beetje en zonder te stoppen met kloppen.

Als je klaar bent met het toevoegen van de suiker, klop je nog 3 minuten.

TRUC

Wanneer het wit hard is, wordt dit piekpunt of sneeuwpunt genoemd.

HAZELNOOT OMSLUITINGEN MET BANANEN

INGREDIËNTEN

100 g meel

25 gram boter

25 gram suiker

1 ½ dl melk

8 eetlepels hazelnootcrème

2 eetlepels rum

1 eetlepel poedersuiker

2 bananen

1 ei

½ zakje gist

VERWERKEN

Klop het ei, gist, rum, bloem, suiker en melk door elkaar. Laat 30 min rusten in de koelkast.

Verhit de boter op laag vuur in een pan met antiaanbaklaag en verdeel een dunne laag deeg over het hele oppervlak. Draai tot lichtbruin.

Schil en snijd de bakbananen. Smeer op elke crêpe 2 eetlepels hazelnootcrème en ½ banaan. Sluit in de vorm van een zakdoek en bestrooi met poedersuiker.

TRUC

Pannenkoeken kunnen van tevoren worden gemaakt. Als ze gaan eten hoef je ze alleen nog maar op te warmen in een pan met aan beide kanten een beetje boter.

CITROENTAART MET CHOCOLADEBASIS

INGREDIËNTEN

400 ml melk

300 gram suiker

250 g meel

125 gram boter

50 gram cacao

50 g maïszetmeel

5 dooiers

Sap van 2 citroenen

VERWERKEN

Meng de bloem, boter, 100 g suiker en cacao tot een zanderige consistentie. Voeg vervolgens water toe tot je een deeg krijgt dat niet aan je handen plakt. Bekleed een vorm, giet deze room en bak gedurende 20 minuten op 170°C.

Naast het opwarmen van de melk. Klop ondertussen de eidooiers en de rest van de suiker licht bleek. Voeg dan de maïzena toe en meng met de melk. Verwarm, onder voortdurend roeren, tot het ingedikt is. Voeg het citroensap toe en blijf mixen.

Stel de taart samen door de bodem met de room te vullen. Laat 3 uur rusten in de koelkast alvorens te serveren.

TRUC

Voeg een paar muntblaadjes toe aan de citroencrème om de cake een perfect vleugje frisheid te geven.

TIRAMISU

INGREDIËNTEN

500 gram mascarpone

120 gram suiker

1 pakje lange vingers

6 eieren

Amaretto (of geroosterde rum)

1 groot glas met koffie uit het koffiezetapparaat (gezoet naar smaak)

cacaopoeder

zout

VERWERKEN

Scheid eiwit en dooier. Klop de eierdooiers los en voeg de helft van de suiker en de mascarpone toe. Klop met omhullende en gereserveerde bewegingen. Klop de eiwitten stijf met een snufje zout. Als het bijna opgeklopt is, voeg je de andere helft van de suiker toe en maak je het kloppen af. Meng dooiers en eiwitten voorzichtig en met omhullende bewegingen.

Doop de koekjes aan beide kanten in de koffie en likeur (zonder ze te nat te maken) en leg ze op de bodem van een schaal.

Leg een laagje eierroomkaas op de koekjes. Doop de koekjes opnieuw en monteer ze bovenop het deeg. Werk af met de kaasmassa en bestrooi met cacaopoeder.

TRUC

Eet 's avonds of beter twee dagen na bereiding.

INTXAURSALSA (NOTENCRÈME)

INGREDIËNTEN

125 g gepelde walnoten

100 gram suiker

1 liter melk

1 klein kaneelstokje

VERWERKEN

Kook de melk met de kaneel en voeg de suiker en gehakte walnoten toe.

Kook op laag vuur gedurende 2 uur en laat afkoelen voor het opdienen.

TRUC

Het moet een consistentie hebben die lijkt op rijstpudding.

SNACK MELK

INGREDIËNTEN

175 gram suiker

1 liter melk

Schil van 1 citroen

1 kaneelstokje

3 of 4 eiwitten

Kaneelpoeder

VERWERKEN

Verwarm de melk op laag vuur met het kaneelstokje en de citroenrasp tot het begint te koken. Voeg onmiddellijk de suiker toe en kook nog 5 minuten. Reserveer en laat afkoelen in de koelkast.

Klop als het koud is de eiwitten stijf en voeg ze met omhullende bewegingen toe aan de melk. Serveer met gemalen kaneel.

TRUC

Om een onverslaanbare granita te verkrijgen, bewaar in de vriezer en schraap elk uur met een vork tot het volledig bevroren is.

DE TONGEN VAN DE KAT

INGREDIËNTEN

350 g losse bloem

250 g zachte boter

250 g poedersuiker

5 eiwitten

1 ei

Vanille

zout

VERWERKEN

Doe de boter, poedersuiker, een snufje zout en een beetje vanille-essence in een kom. Klop goed en voeg het ei toe. Blijf kloppen en voeg de eiwitten één voor één toe zonder te stoppen met kloppen. Voeg onmiddellijk de bloem toe zonder te veel te mengen.

Zet de crème apart in een zak met een gladde spuitmond en maak reepjes van ongeveer 10 cm. Klop de plaat tegen de tafel zodat het deeg uitrekt en bak op 200ºC tot de randen goudbruin zijn.

TRUC

Voeg 1 eetlepel kokospoeder toe aan het deeg om verschillende kattentongen te maken.

ORANJE CUPCAKE

INGREDIËNTEN

220 g meel

200 gram suiker

4 eieren

1 kleine sinaasappel

1 op chemische gist

Kaneelpoeder

220 g zonnebloemolie

VERWERKEN

Combineer de eieren met de suiker, kaneel en sinaasappelschil en -sap.

Voeg de olie toe en meng. Voeg de gezeefde bloem en bakpoeder toe. Laat dit mengsel 15 minuten rusten en giet het in cupcakevormpjes.

Verwarm de oven voor op 200°C en bak in 15 minuten gaar.

TRUC

Chocoladeparels kunnen in het deeg verwerkt worden.

GEROOSTERDE PORTAPPELS

INGREDIËNTEN

80 g boter (in 4 stuks)

8 eetlepels port

4 eetlepels suiker

4 stremselappels

VERWERKEN

Ontpit de appels. Vul met suiker en doe er boter op.

Kook gedurende 30 minuten op 175ºC. Besprenkel daarna elke appel met 2 eetlepels port en bak nog eens 15 minuten.

TRUC

Serveer warm met een bolletje vanille-ijs en besprenkel met het vrijgekomen sap.

GEKOOKTE MERINGUE

INGREDIËNTEN

400 gram kristalsuiker

100 gram poedersuiker

¼ liter eiwit

druppels citroensap

VERWERKEN

Klop de eiwitten au bain-marie met het citroensap en de suiker tot een goed geklopt geheel. Haal van het vuur en blijf kloppen (naarmate de temperatuur daalt, wordt de meringue dikker).

Voeg de poedersuiker toe en blijf kloppen tot de meringue helemaal koud is.

TRUC

Het kan worden gebruikt om taarten te bedekken en decoraties te maken. Overschrijd de 60 ºC niet zodat het wit niet schift.

VLA

INGREDIËNTEN

170 gram suiker

1 liter melk

1 eetlepel maïszetmeel

8 eidooiers

Schil van 1 citroen

Kaneel

VERWERKEN

Kook de melk met de citroenrasp en de helft van de suiker. Dek af zodra het kookt en laat van het vuur rusten.

Klop apart in een kom de eidooiers los met de rest van de suiker en de maïzena. Voeg een kwart van de gekookte melk toe en blijf roeren.

Voeg het dooiermengsel toe aan de rest van de melk en kook zonder te stoppen met roeren.

In de eerste kook klop met enkele staven gedurende 15 s. Haal van het vuur en blijf nog 30 seconden kloppen. Giet af en laat rusten in de kou. Bestrooi met kaneel.

TRUC

Om gearomatiseerde crèmes te bereiden - chocolade, verkruimelde koekjes, koffie, geraspte kokosnoot, enz. - voeg je gewoon de gewenste smaak toe van het vuur en terwijl het heet is.

PANNA COTTA MET PAARS SUIKERGOED

INGREDIËNTEN

150 gram suiker

100 g paarse snoepjes

½ liter room

½ liter melk

9 blaadjes gelatine

VERWERKEN

Bevochtig de gelatineblaadjes met koud water.

Verwarm de room, melk, suiker en karamel in een steelpan tot ze smelten.

Zodra het vuur is uitgeschakeld, voeg je de gelatine toe en meng je tot het volledig is opgelost.

Giet in vormen en zet minstens 5 uur in de koelkast.

TRUC

Dit recept kan worden gevarieerd door koffiesnoepjes, toffees, enz.

CITRUS KOEKJES

INGREDIËNTEN

220 g zachte boter

170 g meel

55 g poedersuiker

35 g maïszetmeel

5 g sinaasappelschil

5 g citroenschil

2 eetlepels sinaasappelsap

1 eetlepel citroensap

1 eiwit

Vanille

VERWERKEN

Meng heel langzaam de boter, het eiwit, het sinaasappelsap, het citroensap, de citroenrasp en een snufje vanille-essence. Meng en voeg de gezeefde bloem en maizena toe.

Doe het deeg in een sleeve met een krulmondje en teken ringen van 7 cm op ovenpapier. Bak gedurende 15 minuten op 175ºC.

Bestrooi de koekjes met poedersuiker.

TRUC

Voeg de gemalen kruidnagel en gember toe aan het deeg. Het resultaat is uitstekend.

MANGO PASTA

INGREDIËNTEN

550 g losse bloem

400 g zachte boter

200 g poedersuiker

125 gram melk

2 eieren

Vanille

zout

VERWERKEN

Voeg de bloem, suiker, een snufje zout en nog een snufje vanille-essence toe. Voeg de nog niet erg koude eieren een voor een toe. Giet de licht warme melk erbij en voeg de gezeefde bloem toe.

Doe het deeg in een sleeve met een gekruld mondstuk en giet een beetje op ovenpapier. Bak 10 min op 180°C.

TRUC

Je kunt gemalen amandelen aan de buitenkant toevoegen, ze in chocolade dippen of er kersen op plakken.

YOGHURT CAKE

INGREDIËNTEN

375 g meel

250 g yoghurt naturel

250 gram suiker

1 zak chemische gist

5 eieren

1 kleine sinaasappel

1 citroen

125 g zonnebloemolie

VERWERKEN

Klop de eieren en suiker met de planeetmenger 5 min. Meng met de yoghurt, olie, schil en citroensap.

Zeef de bloem en het bakpoeder en voeg ze toe aan de yoghurts.

Vet en bebloem een vorm. Voeg het deeg toe en bak ongeveer 35 min op 165 ºC.

TRUC

Gebruik gearomatiseerde yoghurt om verschillende koekjes te maken.

BANANENCOMPOTE MET ROZEMARIJN

INGREDIËNTEN

30 gram boter

1 takje rozemarijn

2 bananen

VERWERKEN

Schil en snijd de bananen.

Doe ze in een pan, dek af en kook op heel laag vuur samen met de boter en rozemarijn tot de banaan een soort compote is.

TRUC

Deze compote dient als bijgerecht bij zowel karbonades als chocoladebiscuit. Je kunt tijdens het koken 1 eetlepel suiker toevoegen om het zoeter te maken.

BRULE ROOM

INGREDIËNTEN

100 gram bruine suiker

100 gram witte suiker

400cl room

300 cl melk

6 eidooiers

1 vanillestokje

VERWERKEN

Open het vanillestokje en haal de boontjes eruit.

Klop in een kom de melk met de witte suiker, de eierdooiers, de room en de vanillestokjes. Vul de individuele mallen met deze verbinding.

Verwarm de oven voor op 100°C en kook au bain-marie gedurende 90 min. Eenmaal koud, bestrooi met bruine suiker en verbrand het met een fakkel (of verwarm de oven voor op maximaal in de grillmodus en bak tot de suiker licht verbrand is).

TRUC

Voeg 1 eetlepel oplosbare cacao toe aan room of melk voor een heerlijke cacao crème brûlée.

ZWITSERSE ARM GEVULD MET ROOM

INGREDIËNTEN

250 gram chocolade

125 gram suiker

½ liter room

Lieveheersbeestjescake (zie sectie Desserts)

VERWERKEN

Maak een lieveheersbeestjescake. Vul met de slagroom en rol op zichzelf op.

Breng in een pan de suiker met 125 g water aan de kook. Voeg de chocolade toe, smelt deze 3 minuten onder voortdurend roeren en bedek de Swiss roll ermee. Laat rusten voor het opdienen.

TRUC

Om te genieten van een nog completer en lekkerder dessert, voeg je het gehakte fruit op siroop toe aan de room.

EI VLAK

INGREDIËNTEN

200 gram suiker

1 liter melk

8 eieren

VERWERKEN

Maak een karamel met de suiker op laag vuur en zonder te roeren. Als het een geroosterde kleur krijgt, haal het dan van het vuur. Verdeel in individuele flaneras of in elke vorm.

Klop de melk en de eieren los, zodat er geen schuim ontstaat. Als het verschijnt voordat je het in de mallen plaatst, verwijder het dan volledig.

Giet de karamel erover en kook au bain-marie op 165 ºC gedurende ongeveer 45 minuten of tot een naald erin prikt en deze er schoon uitkomt.

TRUC

Ditzelfde recept wordt gebruikt om een heerlijke pudding te maken. Het enige wat je hoeft te doen is de overgebleven croissants, muffins, koekjes... van de dag ervoor aan het deeg toe te voegen.

CAVA-GELEI MET AARDBEIEN

INGREDIËNTEN

500 gram suiker

150 gram aardbeien

1 fles mousserende wijn

½ pak gelatineblaadjes

VERWERKEN

Verwarm de cava en de suiker in een pannetje. Voeg de gelatine toe die eerder is gehydrateerd in koud water van het vuur.

Serveer in martini-glazen met de aardbeien en zet in de koelkast tot ze stevig zijn.

TRUC

Het kan ook worden gemaakt met elke zoete wijn en met rood fruit.

PANNEKOEKEN

INGREDIËNTEN

150 g meel

30 gram boter

250 ml melk

4 eieren

1 citroen

VERWERKEN

Breng de melk en boter samen met de citroenrasp aan de kook. Als het kookt, verwijder je de schil en gooi je de bloem weg. Zet het vuur uit en roer 30 s.

Zet terug op het vuur en roer nog een minuut tot het deeg aan de zijkanten van de kom plakt.

Giet het deeg in een kom en voeg de eieren een voor een toe (voeg de volgende pas toe als de vorige goed door het deeg is gemengd).

Bak de pannenkoeken in kleine porties met behulp van een spuitzak of 2 lepels.

TRUC

Het kan worden gevuld met room, room, chocolade, enz.

SINT JAN COCA

INGREDIËNTEN

350 g meel

100 g boter

40 g pijnboompitten

250 ml melk

1 zakje bakpoeder

Zest van 1 citroen

3 eieren

Suiker

zout

VERWERKEN

Zeef de bloem en het bakpoeder. Meng en maak een vulkaan. Giet de schil, 110 g suiker, boter, melk, eieren en een snufje zout in het midden. Kneed goed tot het deeg niet meer aan je handen plakt.

Rol uit met een deegroller tot het rechthoekig en dun is. Leg op een bord op bakpapier en laat 30 min trekken.

Verf cola met ei, bestrooi met pijnboompitten en 1 eetlepel suiker. Bak op 200ºC ongeveer 25 min.

BOLOGNESE SAUS

INGREDIËNTEN

600 g tomatenpulp

500 gram gehakt

1 glas rode wijn

3 wortels

2 stengels bleekselderij (optioneel)

2 teentjes knoflook

1 ui

origineel

Suiker

Olijfolie

Zout en peper

VERWERKEN

Snijd de ui, knoflook, stengels bleekselderij en wortels fijn. Bak en voeg het vlees toe als de groenten zacht zijn.

Kruid met peper en zout en voeg de wijn toe als de roze kleur van het vlees verdwijnt. Laat 3 minuten inkoken op hoog vuur.

Voeg de geplette tomaat toe en kook op laag vuur gedurende 1 uur. Voeg op het einde zout en suiker toe en voeg naar smaak oregano toe.

TRUC

Bolognese wordt altijd geassocieerd met pasta, maar met rijstpilaf is het erg lekker.

WITTE BOUILLON (KIP OF RUNDVLEES)

INGREDIËNTEN

1 kg runder- of kippenbotten

1dl witte wijn

1 stengel bleekselderij

1 takje tijm

2 kruidnagels

1 laurierblad

1 schone prei

1 schone wortel

½ ui

15 korrels zwarte peper

VERWERKEN

Doe alle ingrediënten in een pot. Bedek met water en kook op middelhoog vuur. Als het begint te koken, schuim af. 4 uur koken.

Zeef door een Chinees en verplaats naar een andere container. Reserveer snel in de koelkast.

TRUC

Zout pas klaar voor gebruik, omdat de kans groter is dat het bederft. Het wordt gebruikt als basisbouillon voor het bereiden van sauzen, soepen, risotto's, stoofschotels, enz.

CONCASSÉ TOMAAT

INGREDIËNTEN

1 kilo tomaten

120 g uien

2 teentjes knoflook

1 takje rozemarijn

1 takje tijm

Suiker

1 dl olijfolie

zout

VERWERKEN

Snijd de uien en knoflook in kleine stukjes. Bak 10 minuten langzaam in de pan.

Snijd de tomaten in plakjes en doe ze samen met de kruiden in de pan. Kook tot de tomaten al hun water verliezen.

Breng op smaak met zout en pas indien nodig aan met suiker.

TRUC

Het kan van tevoren worden gemaakt en in de koelkast worden bewaard in een luchtdichte verpakking.

ROBERT SAUS

INGREDIËNTEN

200 g lente-ui

100 g boter

½ liter vleesbouillon

¼ liter witte wijn

1 eetlepel meel

1 eetlepel mosterd

Zout en peper

VERWERKEN

Fruit de fijngehakte bieslook in de boter. Voeg de bloem toe en kook langzaam gedurende 5 min.

Zet het vuur hoger, giet de wijn erbij en laat onder voortdurend roeren tot de helft inkoken.

Voeg de bouillon toe en kook nog 5 minuten. Zodra het vuur gedoofd is, voeg je de mosterd toe en breng je op smaak met zout en peper.

TRUC

Ideaal bij varkensvlees.

ROZE SAUS

INGREDIËNTEN

250 g mayonaisesaus (zie rubriek Bouillon en Saus)

2 eetlepels ketchup

2 eetlepels grappa

Sap van ½ sinaasappel

tabasco

Zout en peper

VERWERKEN

Meng mayonaise, ketchup, cognac, sap, een snufje tabasco, zout en peper. Klop goed tot je een gladde saus krijgt.

TRUC

Om de saus smeuïger te maken, voeg je ½ eetlepel mosterd en 2 eetlepels slagroom toe.

VISSOEP

INGREDIËNTEN

500 g witte visgraten of -koppen

1dl witte wijn

1 takje peterselie

1 prei

½ kleine ui

5 peperkorrels

VERWERKEN

Doe alle ingrediënten in een pan en bedek met 1 liter koud water. Kook op middelhoog vuur gedurende 20 minuten zonder op te houden met schuimen.

Zeef, doe over in een andere container en reserveer snel in de koelkast.

TRUC

Zout pas klaar voor gebruik, omdat de kans groter is dat het bederft. Het is de basis van sauzen, risotto's, soepen, etc.

DUITSE SAUS

INGREDIËNTEN

35 g boter

35 g meel

2 eidooiers

½ liter bouillon (vis, vlees, gevogelte, enz.)

zout

VERWERKEN

Bak de bloem in de boter op laag vuur 5 min. Voeg onmiddellijk de bouillon toe en kook nog 15 minuten op middelhoog vuur zonder te stoppen met kloppen. Breng op smaak met zout.

Voeg van het vuur en zonder te stoppen met kloppen de eierdooiers toe.

TRUC

Niet oververhitten zodat de dooiers niet schiften.

MOEDIGE SAUS

INGREDIËNTEN

750 g gebakken tomaat

1 klein glas witte wijn

3 eetlepels azijn

10 rauwe amandelen

10 pepers

5 sneetjes brood

3 teentjes knoflook

1 ui

Suiker

Olijfolie

zout

VERWERKEN

Fruit de hele knoflook in een pan. Ophalen en reserveren. Bak in dezelfde olie de amandelen. Ophalen en reserveren. Bak het brood in dezelfde pan. Ophalen en reserveren.

Fruit in dezelfde olie de in julienne gesneden ui samen met de chilipepers. Voeg als het kookt de azijn en het glas wijn toe. Laat 3 minuten inkoken op hoog vuur.

Voeg de tomaat, knoflook, amandelen en brood toe. Kook gedurende 5 minuten, meng en voeg indien nodig zout en suiker toe.

TRUC

Kan worden ingevroren in individuele ijsblokjesbakjes en gebruik alleen de benodigde hoeveelheid.

PURE STOCK (KIP OF RUNDVLEES)

INGREDIËNTEN

5 kg runder- of kippenbotten

500 gram tomaten

250 g wortelen

250 g prei

125 g uien

½ liter rode wijn

5 liter koud water

1 vrome tak

3 laurierblaadjes

2 takjes tijm

2 takjes rozemarijn

15 peperkorrels

VERWERKEN

Gaar de botten op 185ºC tot ze licht geroosterd zijn. Voeg de schoongemaakte en in middelgrote stukken gesneden groenten toe aan dezelfde pan. Bak de groenten bruin.

Doe de botten en groenten in een grote pan. Voeg de wijn en kruiden toe en voeg het water toe. Kook gedurende 6 uur op laag vuur, af en toe schuimend. Giet af en laat afkoelen.

TRUC

Het is de basis voor tal van sauzen, stoofschotels, risotto's, soepen, enz. Zodra de bouillon koud is, blijft het vet bovenop gestold. Het is gemakkelijker om het op deze manier te verwijderen.

MOJO PICÓN

INGREDIËNTEN

8 eetlepels azijn

2 theelepels komijnkorrels

2 theelepels zoete paprika

2 knoflookkoppen

3 cayennepeper

30 eetlepels olie

grof zout

VERWERKEN

Stamp alle vaste ingrediënten, behalve paprika, in een vijzel tot een pasta.

Voeg de paprika toe en pureer verder. Voeg beetje bij beetje de vloeistof toe tot een homogene en geëmulgeerde saus is verkregen.

TRUC

Ideaal bij de beroemde gekreukte aardappelen en ook bij gegrilde vis.

PESTO SAUS

INGREDIËNTEN

100 gram pijnboompitten

100 gr Parmezaanse kaas

1 bosje verse basilicum

1 teentje knoflook

milde olijfolie

VERWERKEN

Meng alle ingrediënten zonder het erg homogeen te maken om de knapperigheid van de pijnboompitten op te merken.

TRUC

Je kunt de pijnboompitten vervangen door walnoten en de basilicum door verse rucola. Het is oorspronkelijk gemaakt met mortel.

ZOET EN ZURE SAUS

INGREDIËNTEN

100 gram suiker

100 ml azijn

50 ml sojasaus

Zest van 1 citroen

Schil van 1 sinaasappel

VERWERKEN

Kook de suiker, azijn, sojasaus en citroenrasp 10 min. Laat afkoelen voor gebruik.

TRUC

Het is de perfecte begeleider van loempia's.

GROENE MOJITO

INGREDIËNTEN

8 eetlepels azijn

2 theelepels komijnkorrels

4 groene peperkorrels

2 knoflookkoppen

1 bosje peterselie of koriander

30 eetlepels olie

grof zout

VERWERKEN

Pureer alle vaste stoffen tot een pasta.

Voeg beetje bij beetje de vloeistof toe tot een homogene en geëmulgeerde saus is verkregen.

TRUC

Het blijft zonder problemen, afgedekt met transparante folie, een paar dagen in de koelkast.

BESSAMEL SAUS

INGREDIËNTEN

85 gram boter

85 g meel

1 liter melk

Nootmuskaat

Zout en peper

VERWERKEN

Smelt de boter in een pan, voeg de bloem toe en kook op laag vuur gedurende 10 minuten onder voortdurend roeren.

Voeg onmiddellijk de melk toe en kook nog 20 minuten. Blijf mixen. Breng op smaak met zout, peper en nootmuskaat.

TRUC

Om klontjes te voorkomen, kook je de bloem met de boter op laag vuur en blijf je kloppen tot het mengsel bijna vloeibaar is.

JAGER SAUS

INGREDIËNTEN

200 gram champignons

200 g tomatensaus

125 gram boter

½ liter vleesbouillon

¼ liter witte wijn

1 eetlepel meel

1 lente-ui

Zout en peper

VERWERKEN

Fruit de fijngesneden lente-ui in de boter op middelhoog vuur gedurende 5 min.

Voeg de schoongemaakte en in vieren gesneden champignons toe en zet het vuur hoog. Laat nog 5 minuten koken tot ze water verliezen. Voeg de bloem toe en kook nog 5 minuten zonder te stoppen met roeren.

Voeg de wijn toe en laat verdampen. Voeg de tomatenpuree en de vleesbouillon toe. Kook nog 5 min.

TRUC

Bewaar in de koelkast en smeer er een dun laagje boter op zodat er geen korst op het oppervlak ontstaat.

AIOLI SAUS

INGREDIËNTEN

6 teentjes knoflook

Azijn

½ liter lichte olijfolie

zout

VERWERKEN

Plet de knoflook met het zout in een vijzel tot een pasta.

Voeg geleidelijk de olie toe, onder voortdurend roeren met de stamper tot je een dikke saus krijgt. Voeg een scheutje azijn toe aan de saus.

TRUC

Als er tijdens de knoflookpuree 1 eidooier wordt toegevoegd, is de saus makkelijker te bereiden.

AMERIKAANSE SAUS

INGREDIËNTEN

150 g rivierkreeft

250 g scampi's en garnalenschelpen en -koppen

250 g rijpe tomaten

250 gram ui

100 g boter

50 g wortelen

50 g prei

½ liter visbouillon

1 dl witte wijn

½ dl grappa

1 eetlepel meel

1 afgestreken theelepel hete paprika

1 takje tijm

zout

VERWERKEN

Fruit de groenten, behalve de tomaten, in kleine stukjes gesneden in boter. Bak vervolgens de paprika en bloem.

Bak de krabben en de koppen van de rest van de schelpdieren en flambeer met de cognac. Reserveer krabstaarten en vermaal karkassen met de strip. Zeef 2 of 3 keer totdat er geen resten van de darm meer over zijn.

Voeg de bouillon, wijn, in vieren gesneden tomaten en tijm toe aan de groenten. Kook gedurende 40 minuten, maal en breng op smaak met zout.

TRUC

Perfecte saus voor gevulde paprika's, zeeduivel of vistaart.

AURORA "SAUS

INGREDIËNTEN

45 gram boter

½ l fluweelzachte soep (zie hoofdstuk Bouillon en Sauzen)

3 eetlepels tomatensaus

VERWERKEN

Breng de soep aan de kook, voeg de eetlepels tomaat toe en klop met een garde.

Haal van het vuur, voeg de boter toe en blijf roeren tot alles goed gemengd is.

TRUC

Gebruik deze saus bij gevulde eieren.

BARBECUESAUS

INGREDIËNTEN

1 blikje cola

1 kopje tomatensaus

1 kopje ketchup

½ kopje azijn

1 theelepel oregano

1 theelepel tijm

1 theelepel komijn

1 teentje knoflook

1 fijngehakte cayennepeper

½ ui

Olijfolie

Zout en peper

VERWERKEN

Snijd de ui en knoflook in kleine stukjes en bak ze in een beetje olie. Voeg als het zacht is de tomaat, ketchup en azijn toe.

Kook gedurende 3 minuten. Voeg de cayennepeper en kruiden toe. Roer, giet de Coca-Cola erbij en kook tot er een dikke consistentie overblijft.

TRUC

Het is een perfecte saus voor kippenvleugels. Kan worden ingevroren in individuele ijsblokjesbakjes en gebruik alleen de benodigde hoeveelheid.

BERNER SAUS

INGREDIËNTEN

250 g geklaarde boter

1 dl dragonazijn

1dl witte wijn

3 eierdooiers

1 sjalot (of ½ kleine lente-ui)

Dragon

Zout en peper

VERWERKEN

Verwarm de in kleine stukjes gesneden sjalot in een steelpan samen met de azijn en de wijn. Laat inkoken tot je ongeveer 1 eetl.

Klop de gekruide eidooiers au bain-marie los. Voeg de reductie wijn en azijn plus 2 eetlepels koud water toe tot het verdubbeld is in volume.

Voeg geleidelijk de gesmolten boter toe aan de eierdooiers zonder op te houden met kloppen. Voeg een beetje gesneden dragon toe en bewaar au bain-marie op maximaal 50 ºC.

TRUC

Het is belangrijk om deze saus in een dubbele ketel op laag vuur te bewaren, zodat deze niet snijdt.

CARBONARA-SAUS

INGREDIËNTEN

200 gram spek

200 g room

150 g Parmezaanse kaas

1 middelgrote ui

3 eierdooiers

Zout en peper

VERWERKEN

Fruit de in kleine blokjes gesneden ui. Als het bruin is, voeg dan het in reepjes gesneden spek toe en laat op het vuur goudbruin worden.

Giet vervolgens de room erbij, breng op smaak met peper en zout en laat 20 minuten zachtjes koken.

Zodra het vuur uit is, voeg je de geraspte kaas, de eierdooiers toe en meng je.

TRUC

Als het overblijft voor een andere gelegenheid, als het warm is, doe het dan op een laag vuur en niet te lang zodat het ei niet schift.

HEERLIJKE SAUS

INGREDIËNTEN

200 g lente-ui

100 g augurken

100 g boter

½ liter vleesbouillon

125cl witte wijn

125cl azijn

1 eetlepel mosterd

1 eetlepel meel

Zout en peper

VERWERKEN

Fruit de fijngehakte bieslook in boter. Voeg de bloem toe en kook langzaam gedurende 5 min.

Verhoog het vuur en giet de wijn en azijn erbij en laat onder voortdurend roeren tot de helft inkoken.

Voeg de bouillon toe, de in julienne gesneden augurken en kook nog 5 minuten. Haal van het vuur en voeg de mosterd toe. Seizoen.

TRUC

Deze saus is ideaal voor vet vlees.

CUMBERLAND SAUS

INGREDIËNTEN

150 g bessenjam

Port van ½ dl

1 glas donkere vleesbouillon (zie hoofdstuk Bouillon en Sauzen)

1 theelepel gemberpoeder

1 eetlepel mosterd

1 sjalot

½ sinaasappelschil

½ citroenschil

Sap van ½ sinaasappel

Sap van ½ citroen

Zout en peper

VERWERKEN

Snijd de sinaasappel- en citroenschil in dunne julienne reepjes. Kook van koud water en kook gedurende 10 s. Herhaal de bewerking 2 keer. Giet af en ververs.

Snijd de sjalot fijn en kook 1 minuut onder voortdurend roeren met de krentenjam, port, bouillon, citroenschil en -sap, mosterd, gember, zout en peper. Laten afkoelen.

TRUC

Het is een perfecte saus bij paté of wildgerechten.

CURRY SAUS

INGREDIËNTEN

200 gram ui

2 eetlepels meel

2 eetlepels kerrie

3 teentjes knoflook

2 grote tomaten

1 takje tijm

1 laurierblad

1 fles kokosmelk

1 appel

1 banaan

Olijfolie

zout

VERWERKEN

Fruit de gesnipperde ui en knoflook in de olie. Voeg de kerrie toe en laat 3 min. meekoken. Voeg de bloem toe en bak nog 5 minuten, onder voortdurend roeren.

Voeg de in vieren gesneden tomaten, kruiden en kokosmelk toe. Kook gedurende 30 minuten op laag vuur. Voeg de geschilde en in stukjes gesneden appel en banaan toe en bak nog 5 minuten. Plet, filter en rectificeer het zout.

TRUC

Om deze saus minder calorieën te maken, halveer je de kokosmelk en vervang je deze door kippenbouillon.

KNOFLOOKSAUS

INGREDIËNTEN

250 ml slagroom

10 teentjes knoflook

Zout en peper

VERWERKEN

Blancheer de knoflook 3 keer in koud water. Breng aan de kook, giet af en breng uit het koude water weer aan de kook. Herhaal deze handeling 3 keer.

Eenmaal geblancheerd, kook gedurende 25 minuten samen met de room. Breng tot slot op smaak en mix.

TRUC

Niet alle crèmes zijn hetzelfde. Als het te dik is, voeg dan een beetje room toe en kook nog 5 minuten. Als het daarentegen erg vloeibaar is, kook dan langer. Het is perfect voor vissen.

BLACKBERRY SAUS

INGREDIËNTEN

200 g bramen

25 gram suiker

250 ml Spaanse saus (zie rubriek Bouillon en Saus)

100 ml zoete wijn

2 eetlepels azijn

1 eetlepel boter

Zout en peper

VERWERKEN

Maak op laag vuur een karamel met de suiker. Voeg de azijn, wijn, bramen toe en kook 15 min.

Giet de Spaanse saus erbij. Kruid met peper en zout, pureer, filter en breng samen met de boter aan de kook.

TRUC

Het is een perfecte saus voor wildvlees.

CIDER SAUS

INGREDIËNTEN

250 ml slagroom

1 fles cider

1 courgette

1 wortel

1 prei

zout

VERWERKEN

Snijd de groenten in staafjes en fruit ze 3 minuten op hoog vuur. Giet de cider erbij en laat 5 minuten inkoken.

Voeg de room, het zout toe en kook nog eens 15 minuten.

TRUC

Perfecte begeleider van een lende van gegrilde zeebrasem of een plakje zalm.

KETCHUP

INGREDIËNTEN

1,5 kg rijpe tomaten

250 gram ui

1 glas witte wijn

1 hambot

2 teentjes knoflook

1 grote wortel

Verse tijm

verse rozemarijn

Suiker (optioneel)

zout

VERWERKEN

Snijd de ui, knoflook en wortel in juliennereepjes en bak op middelhoog vuur. Voeg als de groenten zacht zijn het bot toe en giet de wijn erover. Steek het vuur aan.

Voeg de in vieren gesneden kerstomaatjes en de aromatische kruiden toe. Bak 30 min.

Verwijder bot en kruiden. Maal, filter en corrigeer indien nodig zout en suiker.

TRUC

Vries in in individuele ijsblokjesbakjes om altijd heerlijke zelfgemaakte tomatensaus bij de hand te hebben.

PEDRO XIMENEZ WIJNSAUS

INGREDIËNTEN

35 g boter

250 ml Spaanse saus (zie rubriek Bouillon en Saus)

75 ml Pedro Ximenez-wijn

Zout en peper

VERWERKEN

Verwarm de wijn 5 minuten op middelhoog vuur. Voeg de Spaanse saus toe en kook nog 5 minuten.

Om te verdikken en te laten glanzen, voeg je de in blokjes gesneden koude boter van het vuur toe terwijl je blijft kloppen. Seizoen.

TRUC

Het kan worden gemaakt met elke zoete wijn, zoals port.

ROOMSAUS

INGREDIËNTEN

½ l bechamelsaus (zie rubriek Bouillon en Saus)

200cl room

Sap van ½ citroen

VERWERKEN

Kook de bechamelsaus en voeg de room toe. Kook tot ongeveer 400 cl saus is verkregen.

Zodra het vuur uit is, voeg je het citroensap toe.

TRUC

Ideaal om te gratineren, voor het kruiden van vis en gevulde eieren.

MAYONAISE SAUS

INGREDIËNTEN

2 eieren

Sap van ½ citroen

½ liter lichte olijfolie

Zout en peper

VERWERKEN

Doe de eieren en het citroensap in een blenderglas.

Klop met de blender 5, voeg de olie in een dun straaltje toe terwijl u blijft kloppen. Kruid met peper en zout.

TRUC

Voeg 1 eetlepel warm water toe aan het blenderglas, samen met de rest van de ingrediënten, om snijwonden tijdens het malen te voorkomen.

YOGHURT EN DILLE SAUS

INGREDIËNTEN

20 g ui

75 ml mayonaisesaus (zie rubriek Bouillon en Saus)

1 eetlepel honing

2 yoghurts

Dille

zout

VERWERKEN

Mix alle ingrediënten, behalve de dille, tot een gladde saus.

Hak de dille fijn en voeg toe aan de saus. Verwijder en corrigeer het zout.

TRUC

Het is perfect bij geroosterde aardappelen of lamsvlees.

SAUS VAN DE DUIVEL

INGREDIËNTEN

100 g boter

½ liter vleesbouillon

3 dl witte wijn

1 lente-ui

2 pepers

zout

VERWERKEN

Snijd de lente-ui in kleine stukjes en bak deze op hoge temperatuur bruin. Voeg de chilipeper toe, giet de wijn erbij en laat de helft inkoken.

Giet de bouillon erbij, kook nog 5 minuten en breng op smaak met zout en kruiden.

Voeg van het vuur de zeer koude boter toe en mix met een garde tot het mengsel dik en glanzend is.

TRUC

Deze saus kan ook gemaakt worden met zoete wijn. Het resultaat is voortreffelijk.

SPAANSE SAUS

INGREDIËNTEN

30 gram boter

30 g meel

1 liter runderbouillon (gereduceerd)

Zout en peper

VERWERKEN

Bak de bloem in de boter tot hij licht geroosterd is.

Giet al roerend de kokende bouillon erbij. Laat 5 minuten koken en breng op smaak met zout en peper.

TRUC

Deze saus is de basis van veel recepten. Het is wat in de keuken basissaus wordt genoemd.

HOLLANDSE SAUS

INGREDIËNTEN

250 gram boter

3 eierdooiers

Sap van ¼ citroen

Zout en peper

VERWERKEN

Smelt de boter.

Klop de eidooiers au bain-marie met een beetje zout, peper en citroensap plus 2 eetlepels koud water tot het dubbele volume.

Voeg geleidelijk de gesmolten boter toe aan de dooiers terwijl je blijft kloppen. Bewaren in een waterbad bij maximaal 50 ºC.

TRUC

Deze saus is spectaculair bij kleine geroosterde aardappelen met daarop gerookte zalm.

ITALIAANSE DRESSING

INGREDIËNTEN

125 g tomatensaus

100 gram champignons

50 g Yorkham

50 g lente-ui

45 gram boter

125 ml Spaanse saus (zie rubriek Bouillon en Saus)

90 ml witte wijn

1 takje tijm

1 takje rozemarijn

Zout en peper

VERWERKEN

Snijd de lente-ui fijn en bak deze in boter. Als het zacht is, zet je het vuur hoger en voeg je de gesneden en schoongemaakte champignons toe. Voeg de in blokjes gesneden ham toe.

Schenk de wijn en aromatische kruiden erbij en laat het geheel inkoken.

Voeg de Spaanse saus en tomatensaus toe. Laat 10 minuten koken en breng op smaak met zout en peper.

TRUC

Perfect voor pasta en gekookte eieren.

MOUSSELINE SAUS

INGREDIËNTEN

250 gram boter

85 ml slagroom

3 eierdooiers

Sap van ¼ citroen

Zout en peper

VERWERKEN

Smelt de boter.

Klop de eidooiers au bain-marie los met een beetje zout, peper en citroensap. Voeg 2 eetlepels koud water toe tot het volume verdubbeld is. Voeg geleidelijk de boter toe aan de eierdooiers zonder op te houden met kloppen.

Klop vlak voor het serveren de room op en voeg deze met zachte en omhullende bewegingen toe aan het vorige mengsel.

TRUC

Bewaren in een waterbad bij maximaal 50 ºC. Het is perfect voor het grillen van zalm, scheermessen, asperges, enz.

REMOULADE SAUS

INGREDIËNTEN

250 g mayonaisesaus (zie rubriek Bouillon en Saus)

50 g augurken

50 g kappertjes

10 g ansjovis

1 theelepel gehakte verse peterselie

VERWERKEN

Plet de ansjovis in een vijzel tot een puree. Snijd de kappertjes en augurken in zeer kleine stukjes. Voeg de rest van de ingrediënten toe en meng.

TRUC

Ideaal voor gevulde eieren.

BIZCAINA SAUS

INGREDIËNTEN

500 g uien

400 g verse tomaten

25 gram brood

3 teentjes knoflook

4 chorizo of ñoras pepers

Suiker (optioneel)

Olijfolie

zout

VERWERKEN

Week de ñoras om het vruchtvlees te verwijderen.

Snijd de uien en knoflook in juliennereepjes en bak ze op middelhoog vuur in een afgedekte pan in 25 min. bruin.

Voeg het brood en de tomatenblokjes toe en laat nog 10 minuten koken. Voeg de carne de ñoras toe en kook nog 10 minuten.

Plet en corrigeer indien nodig zout en suiker.

TRUC

Hoewel het niet gebruikelijk is, is het een geweldige saus om met spaghetti te maken.

INKT SAUS

INGREDIËNTEN

2 teentjes knoflook

1 grote tomaat

1 kleine ui

½ kleine rode paprika

½ kleine groene paprika

2 zakjes inktvisinkt

witte wijn

Olijfolie

zout

VERWERKEN

Snijd de groenten in kleine stukjes en fruit ze langzaam gedurende 30 min.

Voeg de geraspte tomaat toe en kook op middelhoog vuur tot het zijn water verliest. Zet het vuur hoger en voeg de inktzakjes en een scheutje wijn toe. Laat het met de helft inkoken.

Pureer, filter en breng op smaak met zout.

TRUC

Als je na het malen wat meer inkt toevoegt, wordt de saus helderder.

OCHTEND SAUS

INGREDIËNTEN

75 g Parmezaanse kaas

75 gram boter

75 g meel

1 liter melk

2 eidooiers

Nootmuskaat

Zout en peper

VERWERKEN

Smelt de boter in een pannetje. Voeg de bloem toe en kook op laag vuur gedurende 10 minuten, onder voortdurend roeren.

Giet de melk in één keer en kook nog eens 20 minuten onder voortdurend roeren.

Voeg van het vuur de eidooiers en de kaas toe en blijf mixen. Breng op smaak met zout, peper en nootmuskaat.

TRUC

Het is een perfecte gratinsaus. Elk type kaas kan worden gebruikt.

ROMESCA SAUS

INGREDIËNTEN

100 gram azijn

80 g geroosterde amandelen

½ theelepel zoete paprika

2 of 3 rijpe tomaten

2 jaar

1 klein sneetje geroosterd brood

1 bol knoflook

1 Spaanse peper

250 g extra vergine olijfolie

zout

VERWERKEN

Hydrateer de ñoras 30 min in heet water. Verwijder het vruchtvlees en reserveer.

Verwarm de oven voor op 200 ºC en braad de tomaten en de bol knoflook (de tomaten ongeveer 15 à 20 minuten en de knoflook iets minder).

Eenmaal geroosterd, reinigt u de schil en zaden van de tomaten en verwijdert u de knoflook een voor een. Doe het geroosterde brood, het vlees van de ñoras, de olie en de azijn samen met de amandelen in een blenderglas. Klop goed.

Voeg dan de zoete paprika en een snufje rode peper toe. Klop opnieuw en breng op smaak met zout.

TRUC

Maal de saus niet te fijn.

SOUBISE SAUS

INGREDIËNTEN

100 g boter

85 g meel

1 liter melk

1 ui

Nootmuskaat

Zout en peper

VERWERKEN

Smelt de boter in een pan en fruit de in dunne reepjes gesneden ui langzaam 25 min. Voeg de bloem toe en kook nog 10 minuten, onder voortdurend roeren.

Giet de melk in één keer en kook nog 20 minuten op laag vuur, onder voortdurend roeren. Breng op smaak met zout, peper en nootmuskaat.

TRUC

Het kan worden geserveerd zoals het is of gepureerd. Het is perfect voor cannelloni.

TARTAARSAUS

INGREDIËNTEN

250 g mayonaisesaus (zie rubriek Bouillon en Saus)

20 g bieslook

1 eetlepel kappertjes

1 eetlepel verse peterselie

1 eetlepel mosterd

1 ingemaakte augurk

1 gekookt ei

zout

VERWERKEN

Snijd de bosui, kappertjes, peterselie, augurk en gekookt ei fijn.

Meng alles en voeg mayonaise en mosterd toe. Doe een snufje zout.

TRUC

Het is de ideale begeleider van vis en vleeswaren.

TOFFEE SAUS

INGREDIËNTEN

150 gram suiker

70 g boter

300 ml room

VERWERKEN

Maak een karamel met de boter en suiker, nooit mengen.

Als de karamel klaar is, haal je van het vuur en voeg je de room toe. Kook gedurende 2 minuten op hoog vuur.

TRUC

Je kunt de toffee op smaak brengen door 1 takje rozemarijn toe te voegen.

POTTAGE

INGREDIËNTEN

250 g wortelen

250 g prei

250 g tomaten

150 gram ui

150 g raap

100 g bleekselderij

zout

VERWERKEN

Was de groenten goed en snijd ze in regelmatige stukken. Doe in een pan en bedek met koud water.

Kook op laag vuur gedurende 2 uur. Filter en voeg het zout toe.

TRUC

De gebruikte groenten kunnen worden gebruikt om een goede crème te maken. Kook altijd zonder deksel, zodat bij het verdampen van het water de smaken zich beter kunnen concentreren.

www.ingramcontent.com/pod-product-compliance
Lightning Source LLC
Chambersburg PA
CBHW070413120526
44590CB00014B/1375